Diogenes Taschenbuch 21899

W0034941

Wilhelm Busch

Eduards Traum
Der Schmetterling
und
Autobiographisches

Herausgegeben von
Friedrich Bohne

Diogenes

Diese Ausgabe erscheint
in Zusammenarbeit mit der
Wilhelm-Busch-Gesellschaft,
Hannover

Inhalt

Was mich betrifft

I

Es scheint wunderlich; aber weil andre über mich geschrieben, muß ich's auch einmal tun. Daß es ungern geschähe, kann ich dem Leser, einem tiefen Kenner auch des eigenen Herzens, nicht weismachen; daß es kurz geschieht, wird ihm eine angenehme Enttäuschung sein.

Ich bin geboren am 15. April 1832 zu Wiedensahl als der Erste von sieben.

Mein Vater war Krämer; klein, kraus, rührig, mäßig und gewissenhaft; stets besorgt, nie zärtlich; zum Spaß geneigt, aber ernst gegen Dummheiten. Er rauchte beständig Pfeifen, aber, als Feind aller Neuerungen, niemals Zigarren, nahm daher auch niemals Reibhölzer, sondern blieb bei Zunder, Stahl und Stein, oder Fidibus. Jeden Abend spazierte er allein durchs Dorf; zur Nachtigallenzeit in den Wald. Meine Mutter, still, fleißig, fromm, pflegte nach dem Abendessen zu lesen. Beide lebten einträchtig und so häuslich, daß einst über zwanzig Jahre vergingen, ohne daß sie zusammen ausfuhren.

Was weiß ich denn noch aus meinem dritten Jahr? Knecht Heinrich macht schöne Flöten für mich und spielt selber auf der Maultrommel, und im Garten ist das Gras so hoch und die Erbsen sind noch höher; und hinter dem strohgedeckten Hause, neben dem Brunnen, stand ein Kübel voll Wasser, und

9

ich sah mein Schwesterchen drin liegen, wie ein Bild unter Glas und Rahmen, und als die Mutter kam, war sie kaum noch ins Leben zu bringen. Heut (1886) wohn ich bei ihr.

Gesangbuchverse, biblische Geschichten und eine Auswahl der Märchen von Andersen waren meine frühste Lektüre.

Als ich neun Jahr alt geworden, beschloß man, mich dem Bruder meiner Mutter in Ebergötzen zu übergeben. Ich freute mich drauf; nicht ohne Wehmut. Am Abend vor der Abreise plätscherte ich mit der Hand in der Regentonne, über die ein Strauch von weißen Rosen hing, und sang Christine! Christine! versimpelt für mich hin. Früh vor Tag wurde das dicke Pommerchen in die Scherdeichsel des Leiterwagens gedrängt. Das Gepäck ist aufgeladen; als ein Hauptstück der wohlverwahrte Leib eines alten Zinkedings von Klavier, dessen lästig gespreiztes Beingestell in der Heimat blieb; ein ahnungsvolles Symbol meiner musikalischen Zukunft. Die Reisenden steigen auf; Großmutter, Mutter, vier Kinder und ein Kindermädchen; Knecht Heinrich zuletzt. Fort rumpelt's durch den Schaumburger Wald. Ein Rudel Hirsche springt über den Weg; oben ziehen die Sterne; im Klavierkasten tunkt es. – Nach zweimaligem Übernachten bei Verwandten wurde das Ebergötzener Pfarrhaus erreicht.

Der Onkel (jetzt über 80 und frisch) war ein stattlicher Mann, ein ruhiger Naturbeobachter und äußerst milde; nur ein einziges Mal, wennschon öfters verdient, gab's Hiebe mit einem trocknen Georginenstengel; weil ich den Dorftrottel geneckt. Gleich am Tage der Ankunft schloß ich Freundschaft mit dem Sohne des Müllers. Sie ist von Dauer gewesen. Alljährlich besuch ich ihn und schlafe noch immer sehr gut beim Rumpumpeln des Mühlwerks und dem Rauschen des Wassers.

Einen älteren Freund gewann ich in dem Wirt und Krämer des Orts. Haarig bis an die Augen und hinein in die Halsbinde und wieder heraus unter den Rockärmeln bis an die Fingernägel; angetan mit gelblichgrüner Juppe, die das hintere Mienenspiel einer blauen Hose nur selten zu bemänteln suchte; stets in ledernen Klappantoffeln; unklar, heftig, nie einen Satz zu Ende sprechend; starker Schnupfer; geschmackvoller Blumenzüchter; dreimal vermählt; ist er mir bis zu seinem Tode ein lieber und ergötzlicher Mensch gewesen.

Bei ihm fand ich einen dicken Liederband, welcher durchgeklimpert, und viele der freireligiösen Schriften jener Zeit, die
begierig verschlungen wurden.
Der Lehrer der Dorfjugend, weil nicht der meinige, hatte
keine Gewalt über mich – solange er lebte. Aber er hing sich
auf, fiel herunter, schnitt sich den Hals ab und wurde auf dem
Kirchhof dicht unter meinem Kammerfenster begraben. Und
von nun an zwang er mich allnächtlich, auch in der heißesten
Sommerzeit, ganz unter der Decke zu liegen. Bei Tage ein
Freigeist, bei Nacht ein Geisterseher.
Meine Studien teilten sich naturgemäß in beliebte und unbe-
liebte. Zu den erstern rechne ich Märchenlesen, Zeichnen,
Forellenfischen und Vogelstellen. Zwischen all dem herum
aber schwebte beständig das anmutige Bildnis eines blonden
Kindes, dessen Neigung zu fesseln, oder um die eigene glän-
zen zu lassen, ein fabelhafter Reichtum, eine übernatürliche
Gewandtheit und selbst die bekannte Rettung aus Feuersge-
fahr mit nachfolgendem Tode zu den Füßen der Geliebten
sehr dringend zu wünschen schien.
Etwa ums Jahr 45 bezogen wir die Pfarre zu Lüthorst. – Vor
meinem Fenster murmelt der Bach; dicht drüben steht ein
Haus; eine Schaubühne des ehelichen Zwistes; der sogenannte
Hausherr spielt die Rolle des besiegten Tyrannen. Ein hübsches natürliches Stück; zwar das Laster unterliegt, aber die
Tugend triumphiert nicht. – In den Stundenplan schlich sich
nun auch die Metrik ein. Die großen heimatlichen Dichter
wurden gelesen; ferner Shakespeare. Zugleich fiel mir die
Kritik der reinen Vernunft in die Hände, die, wenn auch
noch nicht ganz verstanden, doch eine Neigung erweckte, in
den Laubengängen des intimeren Gehirns zu lustwandeln,
wo's bekanntlich schön schattig ist.
Sechzehn Jahr alt, ausgerüstet mit einem Sonett nebst zweifel-
hafter Kenntnis der vier Grundrechnungsarten, erhielt ich
Einlaß zur polytechnischen Schule in Hannover, allwo ich
mich in der reinen Mathematik bis zu No. 1 mit Auszeichnung
emporschwang. – Im Jahr 48 trug auch ich mein gewichtiges
Kuhbein, welches nie scharf geladen werden durfte, und er-
kämpfte mir in der Wachtstube die bislang noch nicht geschätz-
ten Rechte des Rauchens und des Biertrinkens; zwei März-

errungenschaften, deren erste mutig bewahrt, deren zweite durch die Reaktion des Alters jetzt merklich verkümmert ist. – Nachdem ich drei bis vier Jahre in Hannover gehaust, verfügt ich mich, von einem Maler ermuntert, in den Düsseldorfer Antikensaal. Unter Anwendung von Gummi, Semmel und Kreide übte und erlernt ich daselbst die beliebte Methode des Tupfens, mit der man das reizende lithographische »Korn« erzeugt. –

Von Düsseldorf geriet ich nach Antwerpen in die Malschule. – Ich wohnte am Eck der Käsbrücke bei einem Bartscherer. Er hieß Jan und sie hieß Mie. Zu gelinder Abendstunde saß ich mit ihnen vor der Haustüre, im grünen Schlafrock, die Tonpfeife im Munde; und die Nachbarn kamen auch herzu; der Korbflechter, der Uhrmacher, der Blechschläger; die Töchter in schwarzlackierten Holzschuhen. Jan und Mie waren ein zärtliches Pärchen, sie dick, er dünn; sie balbierten mich abwechselnd, verpflegten mich in einer Krankheit und schenkten mir beim Abschied in kühler Jahreszeit eine warme rote Jacke nebst drei Orangen. – Wie war mir's traurig zu Mut, als ich voll Neigung und Dankbarkeit nach Jahren dies Eck wieder aufsuchte, und alles war neu, und Jan und Mie gestorben, und nur der Blechschläger pickte noch in seinem alten eingeklemmten Häuschen und sah mich trüb und verständnislos über die Brille an.

Den deutschen Künstlerverein, bestehend aus einigen Malern, aus politischen Flüchtlingen und Auswanderungsagenten, besucht ich selten, fühlte mich aber geehrt durch Aufnahme einiger Scherze in die Kneipzeitung.

In Antwerpen sah ich zum erstenmal im Leben die Werke alter Meister; Rubens, Brouwer, Teniers; später Frans Hals. Ihre göttliche Leichtigkeit der Darstellung, die nicht patzt und kratzt und schabt, diese Unbefangenheit eines guten Gewissens, welches nichts zu vertuschen braucht, dabei der stoffliche Reiz eines schimmernden Juwels, haben für immer meine Liebe und Bewunderung gewonnen; und gern verzeih ich's ihnen, daß sie mich zu sehr geduckt haben, als daß ich's je recht gewagt hätte, mein Brot mit Malen zu verdienen, wie manch anderer auch. Die Versuche, freilich, sind nicht ausgeblieben; denn geschafft muß werden, und selbst der Taschendieb geht täglich auf Arbeit aus; ja, ein wohlmeinender Mitmensch darf getrost voraussetzen, daß diese Versuche, deren Resultate zumeist für mich abhanden gekommen, sich immerfort durch die Verhältnisse hindurchziehen, welche mir schließlich meinen bescheidenen Platz anwiesen.

Nach Antwerpen hielt ich mich in Wiedensahl auf. Was sich die Leute »ut oler welt« erzählten, klang mir sonderbar ins Ohr. Ich horchte genauer. Am meisten wußte ein alter, stiller, für gewöhnlich wortkarger Mann. Einsam saß er abends im Dunkeln. Klopft ich ans Fenster, so steckte er freudig den Trankrüsel an. In der Ofenecke steht sein Sorgensitz. Rechts von der Wand langt er sich die sinnreich senkrecht im Kattunbeutel hängende kurze Pfeife, links vom Ofen den Topf voll heimischen Tabaks, und nachdem er gestopft, gesogen und Dampf gemacht, fängt er seine vom Mütterlein ererbten Geschichten an. Er erzählt gemächlich; wird's aber dramatisch, so steht er auf und wechselt den Platz, je nach den redenden Personen; wobei denn auch die Zipfelmütze, die sonst nur leis nach vorne nickte, in mannigfachen Schwung gerät.

Von Wiedensahl aus besucht ich den Onkel in Lüthorst. Ein Liebhabertheater im benachbarten Städtchen zog mich in den angenehmen Kreis seiner Tätigkeit; aber ernsthafter fesselte mich das wundersame Leben des Bienenvolkes und der damals wogende Kampf um die Parthenogenesis, den mein Onkel als gewandter Schriftsteller und Beobachter entscheidend mit durchfocht. Der Wunsch und Plan, nach Brasilien auszuwandern, dem Eldorado der Imker, blieb unerfüllt. Daß ich überhaupt praktischer Bienenzüchter geworden, ist freundlicher Irrtum.

Bei Gelegenheit dieser naturwissenschaftlichen Liebhaberei wurde unter andern auch der Darwin gelesen, der unvergessen blieb, als ich mich nach Jahren mit Leidenschaft und Ausdauer in den Schopenhauer vertiefte. Die Begeisterung für dieselben hat etwas nachgelassen. Ihr Schlüssel scheint mir wohl zu mancherlei Türen zu passen, in dem verwunschenen Schloß dieser Welt, nur nicht zur Ausgangstür.

Von Lüthorst trieb mich der Wind nach München, wo bei der grad herrschenden akademischen Strömung das kleine nicht eben geschickt gesteuerte Antwerpener Schifflein gar bald auf dem Trockenen saß. – Um so verlockender winkte der Künstlerverein. Die Veröffentlichung der dort verübten Späße, besonders der persönlichen Verhohnhacklungen, ist mir unerwünscht. Was hilft's? Dummheiten, wenn auch vertraulich in die Welt gesetzt, werden früher oder später doch leicht ihren Vater erwischen, mag er's wollen oder nicht. –

Es kann 59 gewesen sein, als die »Fliegenden« meinen ersten Beitrag erhielten: zwei Männer auf dem Eise, von denen einer den Kopf verliert. – Ich hatte auf Holz zu erzählen. Der alte praktische Strich stand mir wie andern zur Verfügung; die Lust am Wechselspiel der Wünsche, am Wachsen und Werden war auch bei mir vorhanden. So nahmen denn bald die kontinuierlichen Bildergeschichten ihren Anfang, welche, mit der Zeit sich unwillkürlich erweiternd, mehr Beifall gefunden, als der Verfasser erwarten durfte. Wer sie freundlich in die Hand nimmt, etwa wie Spieluhren, wird vielleicht finden, daß sie, trotz bummlichten Aussehens, doch teilweis im Leben geglüht, mit Fleiß gehämmert und nicht unzweckmäßig zusammengesetzt sind. Fast sämtlich sind sie in Wiedensahl gemacht, ohne wen zu fragen und, ausgenommen ein allegorisches Tendenzstück und einige Produkte des drängenden Ernährungstriebes, zum Selbstpläsier. Hätte jedoch die sorglos in Holzschuhen tanzende Muse den einen oder andern der würdigen Zuschauer auf die Zehe getreten, so wird das bei ländlichen Festen nicht weiter entschuldigt. Ein auffällig tugendsames Frauenzimmer ist's freilich nicht. Aber indem sie einerseits den Myrthenzweig aus der Hand des übertriebenen Wohlwollens errötend von sich ablehnt, hält sie anderseits gemütlich den verschleierten Blick eines alten Ästhetikers aus, dem bei der Bestellung des eigenen Ackers ein Stäubchen Guano ins Auge geflogen. – Man hat den Autor, den diese Muse begeistert, für einen Bücherwurm und Absonderling gehalten. Das erste ohne Grund, das zweite ein wenig mit Recht. Seine Nachlässigkeit im schriftlichen Verkehr mit Fremden ist schon mehrfach gerüchtsweise mit dem Tode bestraft. Für die Gesellschaft ist er nicht genugsam dressiert, um ihre Freuden geziemend zu würdigen und behaglich genießen zu können. Zu einer Abendunterhaltung jedoch, unter vier bis höchstens sechs Augen, in einer neutralen Raucheecke, bringt er noch immer eine Stand-

haftigkeit mit, die kaum dem anrückenden Morgen weicht. –
So viel wollt ich von mir selber sagen. – Das Geklage über
alte Bekannte hab ich schon längst den Basen anheimgestellt,
und selbst über manche zu schweigen, die ich liebe und verehre, kam mir hier passend vor.

II

Wer grad in ein Ballett vertieft ist, wer eben seinen Namens-
tag mit Champagner feiert, wer zufällig seine eigenen Gedichte liest, wer Skat spielt oder Tarock, dem ist freilich ge-
holfen.
Leider stehen diese mit Recht beliebten Mittel temporärer
Erlösung nicht immer jedem zur Verfügung. Oft muß man
schon froh sein, wenn nur einer, der Wind machen kann, mal
einen kleinen philosophisch angehauchten Drachen steigen
läßt, aus altem Papier geklebt. Man wirft sein Bündel ab, den
Wanderstab daneben, zieht den heißen Überrock des Daseins
aus, setzt sich auf den Maulwurfshügel allerschärfster Betrachtung und schaut dem langgeschwänzten Dinge nach, wie's
mehr und mehr nach oben strebt, sodann ein Weilchen in hoher Luft sein stolzes Wesen treibt, bis die Schnur sich ver-
kürzt, bis es tiefer und tiefer sinkt, um schließlich matt und
flach aufs dürre Stoppelfeld sich hinzulegen, von dem es auf-
geflogen.
Wenigstens was mich betrifft, so mag nur einer kommen und
mir beweisen, daß die Zeit und dies und das bloß ideal ist, ein
angeerbtes Kopfübel, hartnäckig, inkurabel, bis der letzte
Schädel ausgebrummt; er soll mich nur aufs Eis führen, seine
blanken Schlittschuhe anschnallen, auf der gefrorenen Ebene
seine sinnreichen Zahlen und Schnörkel beschreiben; ich will
ihn gespannt begleiten, ich will ihm dankbar sein; nur darf es
nicht gar so kühl werden, daß mir die Nase friert, sonst drücke

15

ich mich lieber hinter irgendeinen greifbaren Ofen, wär es auch nur ein ganz bescheidener von schlichten Kacheln, bei dem man sich ein bissel wärmen kann.

Ja, die Zeit spinnt luftige Fäden; besonders die in Vorrat, welche wir oft weit hinausziehen in die sogenannte Zukunft, um unsere Sorgen und Wünsche aufzuhängen, wie die Tante ihre Wäsche, die der Wind zerstreut. – Als ob's mit dem Gedrängel des gegenwärtigen Augenblicks nicht grad genug wäre.

Und dann dies liebe, trauliche, teilweise grauliche, aber durchaus putzwunderliche Polterkämmerchen der Erinnerung, voll scheinbar welken, abgelebten Zeugs; das dennoch weiter wirkt, drückt, zwickt, erfreut; oft ganz, wie's ihm beliebt, nicht uns; das sitzen bleibt, obwohl nicht eingeladen; das sich empfiehlt, wenn wir es halten möchten. Ein Kämmerchen, in Fächer eingeteilt, mit weißen, roten Türen, ja selbst mit schwarzen, wo die alten Dummheiten hinter sitzen.

Vielleicht ist's grade Winter. Leise wimmeln die Flocken vor deinem Fenster nieder. Ein weißes Türchen tut sich auf. Sieh nur, wie deutlich alles dasteht; wie in einem hellerleuchteten Puppenstübchen. – Der Lichterbaum, die Rosinengirlanden, die schaumvergoldeten Äpfel und Nüsse, die braungebackenen Lendenkerle; glückliche Eltern, selige Kinder. – Freundlich betrachtest du das Bübchen dort, denn das warst du, und wehmütig zugleich, daß nichts Besseres und Gescheiteres aus ihm geworden, als was du bist.

Mach wieder zu. – Öffne dies rote Türchen. – Ein blühendes Frauenbild. Ernst, innig schaut's dich an; als ob's noch wäre, und ist doch nichts wie ein Phantom von dem, was längst gewesen.

Laß sein. – Paß auf das schwarze Türchen. – Da rumort's hinter. – Halt zu! – Ja, schon recht; solange wie's geht. – Du kriegst, wer weiß woher, einen Stoß auf Herz, Leber, Magen oder Geldbeutel. Du läßt den Drücker los. Es kommt die stille, einsame, dunkle Nacht. Da geht's um in der Gehirnkapsel und spukt durch alle Gebeine, und du wirfst dich von dem heißen Zipfel deines Kopfkissens auf den kalten und her und hin, bis dir der Lärm des aufdämmernden Morgens wie ein musikalischer Genuß erscheint.

16

Nicht du, mein süßer Backfisch! Du liegst da in deinem weißen Häubchen und weißen Hemdchen, du faltest deine schlanken Finger, schließest die blauen harmlos-träumerischen Augen und schlummerst seelenfriedlich deiner Morgenmilch mit Brötchen entgegen und selbst deiner Klavierstunde, denn du hast fleißig geübt.
Aber ich, Madam! und Sie, Madam; und der Herr Gemahl, der abends noch Hummer ißt, man mag sagen, was man will. – Doch nur nicht ängstlich. Die bösen Menschen brauchen nicht gleich alles zu wissen. Zum Beispiel ich, ich werde mich wohl hüten; ich lasse hier nur ein paar kümmerliche Gestalten heraus, die sich so gelegentlich in meinem Gehirn eingenistet haben, als ob sie mit dazu gehörten.
Es ist Nacht in der kunst- und bierberühmten Residenz. Ich komme natürlich aus dem Wirtshause, bin aber bereits in der Vorstadt und strebe meinem einsamen Lager zu. Links die Planke, rechts der Graben. Hinter mir eine Stadt voll leerer Maßkrüge, vor mir die schwankende Nebelsilhouette eines betagten Knickebeins. Bald drückt er zärtlich die Planke, bald zieht ihn der Graben an; bis endlich die Planke, des falschen Spieles müde, ihm einen solch verächtlichen Schubs gibt, daß er dem Graben, mit Hinterlassung des linken Filzschuhes, sofort in die geschmeidigen Arme sinkt. Ich ziehe ihn heraus bei den Beinen, wie einen Schubkarren. Er wischt sich die Ohren und wimmert kläglich: »Wissen's, i ßiech halt nimma recht!« – Gewiß häufig eine zutreffende Ausrede für ältere Herrn in verwickelten Umständen.
Ein andermal derselbe Weg. – Vor mir ein zärtliches Pärchen. Ihr schleift, am Bändel hängend, die Schürze nach. Ich wirble sie auf mit dem Stock und sage in gefälligem Ton: »Fräulein, Sie verlieren etwas.« Sie hört es nicht. Es ist der Augenblick vor einem Liebeskrach. Er schlägt sie zu Boden, tritt ihr dreimal hörbar auf die Brust, und fort ist er. – Schnell ging's. – Und was für einen sonderbaren Ton das gibt, so ein Fußtritt auf ein weibliches Herz. Hohl, nicht hell. Nicht Trommel, nicht Pauke. Mehr lederner Handkoffer; voll Lieb und Treu vielleicht. – Ich gebe ihr meinen Arm, daß sie sich aufrichten und erholen kann; denn man ist oft gerührt und galant, ohne betrunken zu sein.

Ein andermal ein anderer Weg. – Ein berühmter Maler hat mich zu Mittag geladen. Stolz auf ihn und meine silbervergoldete Dose, geh ich durch eine einsame Straße und drehe mir vorher noch eben eine Zigarette. Hinter mir kommt wer angeschlürft; er schlürft an mir vorbei. »Ja, Bedelleit, die hat koana gern; die mag neamed.« Er spricht es leise und bescheiden. Er schaut nicht seitwärts, er schaut nicht um; er schlürft so weiter. Hände im schwärzlichgrauen Paletot; schwärzlichgrauer Hut im Nacken, Hose schwärzlichgrau, unten mit Fransen dran; da, wo Hut und Paletotkragen ihre Winkel bilden, je ein Stückchen blasses Ohr zu sehn. Ein armer, farbloser Kerl. Schon zehn Mark vermutlich würden ihm recht sein. Freilich – der Schneider – die Fahrt ins Tirol – am End versäuft er's nur. – Macht nichts. Gib's ihm halt! – Inzwischen ist er weg ums Eck, für immer unerwischbar.

Schnell eine andere Tür. – Schau schau! – Zwischen zwei Hügeln, mitten hindurch der Bach, das Dörflein meiner Kindheit. Vieles im scharfen Sonnenlicht früher Eindrücke; manches überschattet von mehr als vierzig vergangenen Jahren; einiges nur sichtbar durch den Lattenzaun des Selbsterlebten und des Hörensagens. Alles so heiter, als hätt es damals nie geregnet.

Aber auch hier gibt's arme Leutchen. – Es ist noch die gute alte Zeit, wo man den kranken Handwerksburschen über die Dorfgrenze schiebt und sanft in den Chausseegraben legt, damit er ungeniert sterben kann; obschon der unbemittelte Tote immerhin noch einen positiven Wert hat; unter anderm für den Fuhrmann, der ihn zur Anatomie bringt.

Im Dörflein seitab, hier hinter den trüben Fensterscheiben, da sitzt vielleicht das »Puckelriekchen«. Sie spinnt und spinnt. Auf die Lebensfreuden hat sie verzichtet. Aber drei Tage nach ihrem Tode, da wenigstens möchte sie sich mal so ein recht gemütliches Fest bereiten, nämlich ein ehrliches Begräbnis mit heilen Gliedmaßen, im schwarzlackierten Sarge, auf dem heimatlichen Kirchhofe. Nach dem Professer, der die toten Leute kaputtschneidet, will sie nicht hin; und dann müßte sie sich ja auch so schämen vor den Herren Studenten, weil sie gar so klein und mager und bucklicht ist. Darum bettelt sie und sinnt und spinnt von früh bis spät. – O weh! Zu früh schneidet die Parze den Flachs- und Lebensfaden ab. Es hat nicht gelangt. Nun heißt es doch: »Hinein in die ungehobelte Kiste« und »Krischan, spann an«. Und dort fährt er hin mit ihr in der frühen Dämmerung, und wer grad verreisen muß, der kann mit aufsitzen. (Das wäre was gewesen für Tante Malchen, die immer so gern per Gelegenheit fuhr!)

Der dort langsam und verdrießlich Holz sägt, das scheint der »Pariser« zu sein. »Eine kalte Winternacht« – so pflegt er auf Plattdeutsch zu sagen – »ein Grenzstein im freien Feld und eine Pulle voll Schluck, das müßte einen bequemen Tod abgeben.« Oder: »Hätt ich nur erst eine Viertelstunde gehängt, mich dünkt, so wollt ich gleich mit einem um die Wette hängen, der schon ein ganzes Jahr gehängt hat.« Gegen die erste Manier schützt er Geldmangel vor, gegen die zweite den bedenklichen Anfang. Er zögert und zögert und muß sich zuletzt mit einem gewöhnlichen Tod begnügen, wie er grad vorkommt.

Hier im Hof, auf dem Steintritt vor der Tür, steht eine hübsche Frau. Sagen wir, Kreuzbänder an den Schuhen, Locken an den Schläfen, Schildpattkamm im Flechtennest. Ein fremder Betteljunge kommt durch die Pforte. Haare wie trockner Strohlehm; Hemd und Haut aus *einem* Topf gemalt; Hose geräumig, vermutlich das Geschenk eines mildtätigen Großvaters; Bettelsack mit scheinbar knolligem Inhalt; Stock einfach zweckentsprechend. »Heut kriegst du nichts; wir haben selbst Arme genug.« »So bra'r jöck de Düwel wat ower, dat je'r anne sticket!« Nach Abgabe dieses Segenswunsches entfernt er sich, um sein Sammelwerk anderweitig fortzusetzen. Nicht mit Erfolg. Hinter der Mauer hervor, bewehrt mit kurzem Spieß, tritt ihm unerwartet ein kleiner Mann entgegen, entledigt ihn, listig lächelnd, doch rücksichtslos, seiner Vorräte und zeigt ihm sodann unter Zuhilfenahme der umgekehrten Waffe, durch stoßweise Andeutungen auf der Kehrseite, den richtigen Weg zum Dorfe hinaus.

Dieser Wachsame und Gewaltige ist der »alte Danne«. – Da er körperlich und geistig zu schwach geworden, um Tagelöhner zu sein, so hat man ihm ein Amt verliehn, mit dem Titel »Bettelvogt«, und als Zeichen seiner Würde den Speer, »dat Baddelspeit«. Kraft dessen ist er Herzog und Schirmherr

19

aller einheimischen Bettler. – Er ißt »reihrund«. Er schläft nachts im Pferdestall, nachmittags, bei günstiger Witterung, im Baumgarten hinter dem Hause. – Und hier kann man am besten eine Eigentümlichkeit an ihm beobachten, welche hauptsächlich bei alten unbemittelten Leuten vorzukommen scheint, die versäumt haben, sich ein neues Gebiß zu kaufen. – Atmet er ein – ein lautes Schnarchen; atmet er aus – ein leises Flöten. Erst dieser alte faltige grauborstige Mümmelmund hübsch weit abgerundet nach innen gezogen, dann plötzlich bei hohlen Backen hübsch zugespitzt nach außen getrieben und nur ein ganz feins Löchlein drin. – Für den Naturforscher, selbst bei häufiger Wiederholung, ein interessantes Phänomen. – Leider geht der alte Danne nur noch kurze Zeit seinen Erholungen und Amtsgeschäften nach. Es kommt so ein gewisser schöner, ausdermaßen warmer Nachmittag. Zwei flachsköpfige Buben, sehr bewandert in Obstangelegenheiten, besuchen grad zufällig in einem schattigen Garten einen berühmten Sommerbirnenbaum, um eben mal nachzusehen, wie die Sachen da liegen. – Der alte Danne liegt drunter. – Speer im Arm; still, bleich, gradausgestreckt; die Augen starr nach oben in die vollen Birnen gerichtet; Mund offen; zwei Fliegen kriechen aus und ein. Der alte Danne ist tot. – Und schlau hat er's abgepaßt, denn der neue Kirchhof wird nächstens eingeweiht. Er kommt noch auf den alten und kann ruhig weiter liegen, ohne von später kommenden Schlafgästen gestört zu werden. – Eine geschmackvolle Garnitur von Brennnesseln steht um sein Grab herum. –
Ja, mein guter, wohlsituierter und lebendiger Leser! So muß man überall bemerken, daß es Verdrießlichkeiten gibt in dieser Welt und daß überall gestorben wird. Du aber sei froh. Du stehst noch da, wie selbstverständlich, auf deiner angestammten Erde. Und wenn du dann dahinwandelst, umbraust von den ahnungsvollen Stürmen des Frühlings, und deine Seele schwillt mutig auf, als solltest du ewig leben; wenn dich der wonnige Sommer umblüht und die liebevollen Vöglein in allen Zweigen singen; wenn deine Hand im goldenen Herbst die wallenden Ähren streift; wenn zur hellglänzenden Winterzeit dein Fuß über blitzende Diamanten knistert – hoch über dir die segensreiche Sonne oder der unendliche Nacht-

himmel voll winkender Sterne – und doch, durch all die Herrlichkeit hindurch, allgegenwärtig, ein feiner, peinlicher Duft, ein leiser, zitternder Ton – und wenn du dann nicht so was wie ein heiliger Franziskus bist – sondern wenn du wohlgemut nach Hause gehst zum gutgekochten Abendschmaus und zwinkerst deiner reizenden Nachbarin zu und kannst schäkern und lustig sein, als ob sonst nichts los wäre, dann darf man dich wohl einen recht natürlichen und unbefangenen Humoristen nennen.

Fast wir alle sind welche. – Auch du, mein kleines drolliges Hänschen, mit deinem Mumps, deiner geschwollenen Backe, wie du mich anlächelst durch Tränen aus deinem dicken, blanken, schiefen Gesicht heraus, auch du bist einer; und wirst du vielleicht später mal gar ein Spaßvogel von Metier, der sich berufen fühlt, unsere ohnehin schon große Heiterkeit noch künstlich zu vermehren, so komm nur zu uns, guter Hans; wir werden dir gern unsere alten Anekdoten erzählen, denn du bist es wert.

»Ahem! – Wie war denn das Diner bei dem berühmten Maler?« so unterbrichst du mich, mein Wertester mit dem Doppelkinn. Nun! Kurz aber gut; Wein süperb; Schnepfen exquisit. – Doch ich sehe, du hast dich gelangweilt. Das beleidigt mich. Aber ich bin dir unverwüstlich gut. Ich werde sonstwie für dich sorgen; ich verweise dich auf den vielsagenden Ausspruch eines glaubwürdigen Blattes. »Il faut louer Busch pour ce qu'il a fait, et pour ce qu'il n'a pas fait.« Wohlan, mein Freund! Wende deinen Blick von links nach rechts, und vor dir ausgebreitet liegt das gelobte Land aller guten Dinge, die ich nicht gemacht habe.

Liebst du herz- und sonnenwarme Prosa, lies Werther. – Suchst du unverwelklichen Scherz, der wohl dauern wird, solang noch eine sinnende Stirn über einem lachenden Munde sitzt, begleite den Ritter von der Mancha auf seinen ruhmreichen Fahrten. – Willst du in einem ganzen Spiegel sehn, nicht in einer Scherbe, wie Menschen jeder Sorte sich lieben, necken, raufen, bis jeder sein ordnungsmäßiges Teil gekriegt, schlag Shakespeare auf. – Trägst du Verlangen nach entzükkend mutiger Farbenlust, stelle dich vor das Flügelbild Peterpauls in der Scheldestadt und laß dich anglänzen von der jungfräulichen Mutter mit dem Kinde. – Oder sehnst du dich mehr nach den feierlichen Tönen einer durchleuchteten Dämmerung, besuch den heiligen Vater in seinem beneidenswerten Gefängnis und schau den Sebastian an. – Und ist dir auch das noch nicht hinreichend, so zieh meinetwegen an den Arno, wo eine gedeckte Brücke zwei wundersame Welten der Kunst verbindet.

Damit, denk ich, wirst du für acht Tage genug haben und wärst du so genußfähig, wie ein Londoner Schneidermeister auf Reisen.

Von mir über mich

Kein Ding sieht so aus, wie es ist. Am wenigsten der Mensch, dieser lederne Sack voller Kniffe und Pfiffe. Und auch abgesehn von den Kapriolen und Masken der Eitelkeit. Immer, wenn man was wissen will, muß man sich auf die zweifelhafte Dienerschaft des Kopfes und der Köpfe verlassen und erfährt nie recht, was passiert ist. Wer ist heutigen Tages noch so harmlos, daß er Weltgeschichten und Biographien für richtig hält? Sie gleichen den Sagen und Anekdoten, die Namen, Zeit und Ort benennen, um sich glaubhaft zu machen. Sind sie unterhaltlich erzählt, sind sie ermunternd und lehrreich, oder rührend erbaulich, nun gut! so wollen wir's gelten lassen. Ist man aber nicht grad ein Professor der Beredsamkeit und sonst noch allerlei, was der heilige Augustinus gewesen, und will doch partout über sich selbst was schreiben, dann wird man wohl am besten tun, man faßt sich kurz. Und so auch ich.

Ich bin geboren 1832 in Wiedensahl. Mein Vater war Krämer, heiter und arbeitsfroh; meine Mutter, still und fromm, schaffte fleißig in Haus und Garten. Liebe und Strenge sowohl, die mir von ihnen zuteil geworden, hat der »Schlafittig« der Zeit aus meiner dankbaren Erinnerung nicht zu verwischen vermocht.

Mein gutes Großmütterlein war zuerst wach in der Früh. Sie schlug Funken am P-förmigen Stahl, bis einer zündend ins »Usel« sprang, in die halbverkohlte Leinwand im Deckelkästchen des Feuerzeugs; und bald flackerte es lustig in der Küche auf dem offenen Herde unter dem Dreifuß und dem kupfernen Kessel; und nicht lange, so hatte auch das Kanonenöfchen in der Stube ein rotglühendes Bäuchlein, worin's bullerte. Als ich sieben, acht Jahr alt war, durft ich zuweilen mit aufstehn; und im Winter besonders kam es mir wonnig geheimnisvoll vor, so früh am Tag schon selbstbewußt in dieser Welt zu sein, wenn ringsumher noch alles still und tot und dunkel war. Dann saßen wir zwei, bis das Wasser kochte, im engen Lichtbezirk der pompejanisch geformten zinnernen Lampe. Sie spann. Ich las ein paar schöne Morgenlieder aus dem Gesangbuch vor.

Später beim Kaffee nahmen Herrschaft, Knecht und Mägde, wie es guten Freunden geziemt, am nämlichen Tische Platz.

Um diese Zeit meines Lebens passierte eine kleine Geschichte, die recht schmerzhaft und schimpflich für mich ablief. Beim Küster diente ein Kuhjunge, fünf, sechs Jahre älter als ich. Er hatte in einen rostigen Kirchenschlüssel, so groß wie dem Petrus seiner, ein Zündloch gefeilt, und gehacktes Fensterblei hatte er auch schon genug; bloß das Pulver fehlte ihm noch zu Blitz und Donner. Infolge seiner Beredsamkeit machte ich einen stillen Besuch bei einer gewissen steinernen Kruke, die auf dem Speicher stand. Nachmittags zogen wir mit den Kühen auf die einsame Waldwiese. Großartig war der Widerhall des Geschützes. Und so beiläufig ging auch ein altes Bäuerlein vorbei, in der Richtung des Dorfes. Abends kehrt ich fröhlich heim und freute mich so recht auf das Nachtessen. Mein Vater empfing mich an der Tür und lud mich ein, ihm auf den Speicher zu folgen. Hier ergriff er mich am linken Flügel und trieb mich vermittels eines Rohrstockes im Kreise umher, immer um die Kruke herum, wo das Pulver drin war. Wie peinlich mir das war, ließ ich weithin verlautbaren. Und sonderbar! Ich bin weder Jäger noch Soldat geworden.

Als ich neun Jahre alt war, sollt ich zu dem Bruder meiner Mutter nach Ebergötzen. Wie Kinder sind, halb froh halb wehmütig, plätscherte ich am Abend vor der Abreise mit der

Hand in der Regentonne, über die ein Strauch von weißen Rosen hing, und sang Christine! Christine! versimpelt für mich hin.

Und so spannte denn in der Früh vor Tag Knecht Heinrich das Pommerchen vor den Leiterwagen. Die ganze Familie, ausgenommen der Vater, stieg auf, um dem guten Jungen das Geleite zu geben. Hell schienen die Sterne, als wir durch den Schaumburger Wald fuhren. Hirsche sprangen über den Weg.

In Wirtshäuser einkehren taten wir nicht; ein wenig seitwärts von der Straße wurde stillgehalten, der Deckel der Ernährungskiepe wurde aufgetan und unter anderm ein ganzer geräucherter Schinken entblößt, der sich bald merklich verminderte. Nach mehrmaligem Übernachten bei Verwandten erreichten wir glücklich das Ebergötzener Pfarrhaus.

Gleich am Tage nach der Ankunft schloß ich Freundschaft mit dem Sohne des Müllers. Wir gingen vors Dorf hinaus, um zu baden. Wir machten eine Mudde aus Erde und Wasser, die wir »Peter und Paul« benannten, überkleisterten uns damit von oben bis unten, legten uns in die Sonne, bis wir inkrustiert waren wie Pasteten, und spülten's im Bach wieder ab.

Auch der Wirt des Ortes, weil er ein Piano besaß, wurde bald mein guter Bekannter. Er war rauh wie Esau. Ununterbrochen kroch das schwarze Haar in die Krawatte und aus den Ärmeln wieder heraus bis dicht an die Fingernägel. Beim Rasieren mußte er weinen, denn das Jahr 48, welches selbst den widerspenstigsten Bärten die Freiheit gab, war noch nicht erschienen. Er trug lederne Klappantoffeln und eine gelbgrüne Joppe, die das hintere Mienenspiel der blaßblauen Hose nur selten zu bemänteln suchte. Seine Philosophie war der Optimismus mit rückwirkender Kraft; er sei zu gut für diese Welt, pflegte er gern und oft zu behaupten. Als er einst einem Jagdhunde mutwillig auf die Zehen trat und ich meinte, das stimmte nicht recht mit seiner Behauptung, kriegt ich sofort eine Ohrfeige. Unsere Freundschaft auch. Doch die Erschütterung währte nicht lange. Er ist mir immer ein lieber und drolliger Mensch geblieben. Er war ein geschmackvoller Blumenzüchter, ein starker Schnupfer und kinderlos, obgleich er sich dreimal vermählt hat.

27

Bei ihm fand ich einen dicken Notenband, der durchgeklimpert, und freireligiöse Schriften jener Zeit, die begierig verschlungen wurden.

Mein Freund aus der Mühle, der meine gelehrten Unterrichtsstunden teilte, teilte auch meine Studien in freier Natur. Dohnen und Sprenkeln wurden eifrig verfertigt, und der Schlupfwinkel keiner Forelle, den ganzen Bach entlang, unter Steinen und Baumwurzeln, blieb unbemerkt von uns.

Zwischen all dem herum aber schwebte beständig das anmutige Bildnis eines blondlockigen Kindes. Natürlich sehnte ich oft die bekannte Feuersbrunst herbei mit nachfolgendem Tode zu den Füßen der geretteten Geliebten. Meist jedoch war ich nicht so rücksichtslos gegen mich selbst, sondern begnügte mich mit dem Wunsch, daß ich zauberhaft fliegen und hupfen könnte, hoch in der Luft, von einem Baum zum andern, und daß sie es mit ansähe und wäre starr vor Bewunderung.

Von meinem Onkel, der äußerst milde war, erhielt ich nur ein einzig Mal Hiebe, mit einem trockenen Georginenstengel, weil ich den Dorftrottel geneckt hatte. Dem war die Pfeife voll Kuhhaare gestopft und dienstbeflissen angezündet. Er rauchte sie aus, bis aufs letzte Härchen, mit dem Ausdruck der seligsten Zufriedenheit. Also der Erfolg war unerwünscht für mich in zwiefacher Hinsicht. Es macht nichts. Ein Trottel bleibt immer eine schmeichelhafte Erinnerung.

Gern gedenk ich auch des kleinen alten Bettelvogts, welcher derzeit *dat baddelspeit* trug, den kurzen Spieß, als Zeichen seines mächtigen Amtes. Zu warmer Sommerzeit hielt er sein Mittagschläfchen im Grase. Er konnte bemerkenswert schnarchen. Zog er die Luft ein, so machte er den Mund weit auf, und es ging: Krah! Stieß er sie aus, so machte er den Mund ganz spitz, und es ging: Püh! wie ein sanfter Flötenton. Einst fanden wir ihn tot unter dem berühmtesten Birnbaume des Dorfes; Speer im Arm; Mund offen; so daß man sah: Krah! war sein letzter Laut gewesen. Um ihn her lagen die goldigsten Sommerbirnen; aber für diesmal mochten wir keine.

Etwa ums Jahr 45 bezogen wir die Pfarre zu Lüthorst.

Unter meinem Fenster murmelte der Bach. Gegenüber am Ufer stand ein Haus, eine Schaubühne des ehelichen Zwistes. Das Stück fing an hinter der Szene, spielte weiter auf dem

Flur und schloß im Freien. Sie stand oben vor der Tür und schwang triumphierend den Reiserbesen; er stand unten im Bach und streckte die Zunge heraus; und so hatte er auch seinen Triumph.

In den Stundenplan schlich sich nun auch die Metrik ein. Dichter, heimische und fremde, wurden gelesen. Zugleich fiel mir die »Kritik der reinen Vernunft« in die Hände, die, wenn auch damals nur spärlich durchschaut, doch eine Neigung erweckte, in der Gehirnkammer Mäuse zu fangen, wo es nur gar zu viel Schlupflöcher gibt.

Sechzehn Jahre alt, ausgerüstet mit einem Sonett und einer ungefähren Kenntnis der vier Grundrechnungsarten, erhielt ich Einlaß zur polytechnischen Schule in Hannover.

Hier ging mit meinem Äußeren eine stolze Veränderung vor. Ich kriegte die erste Uhr – alt, nach dem Kartoffelsystem – und den ersten Paletot – neu, so schön ihn der Dorfschneider zu bauen vermochte. Mit diesem Paletot, um ihn recht sehen zu lassen, stellt ich mich gleich den ersten Morgen sehr dicht vor den Schulofen. Eine brenzlichte Wolke und die freudige Teilnahme der Mitschüler ließen mich ahnen, was hinten vor sich ging. Der umfangreiche Schaden wurde kuriert nach der Schnirrmethode, beschämend zu sehn; und nur noch bei äußerster Witterungsnot ließ sich das einst so prächtige Kleidungsstück auf offener Straße blicken.

In der reinen Mathematik schwang ich mich bis zu »Eins mit Auszeichnung« empor, aber in der angewandten bewegt ich mich mit immer matterem Flügelschlage.

Ein Maler wies mir den Weg nach Düsseldorf. Ich kam, soviel ich weiß, grad an zu einem jener Frühlingsfeste, für diesmal die Erstürmung einer Burg, die weithin berühmt waren. Ich war sehr begeistert davon und von dem Maiwein auch.

Nachdem ich mich schlecht und recht durch den Antikensaal hindurchgetüpfelt hatte, begab ich mich nach Antwerpen in die Malschule, wo man, so hieß es, die alte Muttersprache der Kunst noch immer erlernen könne.

In dieser kunstberühmten Stadt sah ich zum ersten Male die Werke alter Meister: Rubens, Brouwer, Teniers, Frans Hals. Ihre göttliche Leichtigkeit der Darstellung malerischer Einfälle, verbunden mit stofflich juwelenhaftem Reiz; diese Un-

29

befangenheit eines guten Gewissens, welches nichts zu vertuschen braucht; diese Farbenmusik, worin man alle Stimmen klar durchhört, vom Grundbaß herauf; haben für immer meine Liebe und Bewunderung gewonnen.

Ich wohnte am Eck der Käsbrücke bei einem Bartscherer. Er hieß Jan, seine Frau hieß Mie. In gelinder Abendstunde saß ich mit ihnen vor der Haustür; im grünen Schlafrock; die Tonpfeife im Munde; und die Nachbarn kamen auch herzu; die Töchter in schwarzlackierten Holzschuhen. Jan und Mie balbierten mich abwechselnd, verpflegten mich während einer Krankheit und schenkten mir beim Abschied in kalter Jahreszeit eine warme rote Jacke und drei Orangen.

Nach Antwerpen hielt ich mich in der Heimat auf.

Was damals die Leute ut oler welt erzählten, sucht ich mir fleißig zu merken, doch wußt ich leider zu wenig, um zu wissen, was wissenschaftlich bemerkenswert war. Das Vorspuken eines demnächstigen Feuers hieß: *wabern*. Den Wirbelwind, der auf der Landstraße den Staub auftrichtert, nannte man: *warwind*; es sitzt eine Hexe drin. Übrigens hörte ich, seit der »alte Fritz« das Hexen verboten hätte, müßten sich die Hexen sehr in acht nehmen mit ihrer Kunst.

Von Märchen wußte das meiste ein alter, stiller, für gewöhnlich wortkarger Mann. Für Spukgeschichten dagegen von bösen Toten, die wiederkommen zum Verdrusse der Lebendigen, war der Schäfer Autorität. Wenn er abends erzählte, lag er quer über dem Bett, und wenn's ihm trocken und öd wurde im Mund, sprang er auf und ging vor den Tischkasten und biß ein neues Endchen Kautabak ab zur Erfrischung. Sein Frauchen saß daneben und spann.

In den Spinnstuben sangen die Mädchen, was ihre Mütter und Großmütter gesungen. Während der Pause, abends um neun, wurde getanzt; auf der weiten Haustenne; unter der Stalllaterne; nach dem Liede:

> *maren will wi hawern meihn,*
> *wer schall den wol binnen?*
> *dat schall (meiers dortchen) don,*
> *de will eck wol finnen.*

Von Wiedensahl aus besucht ich auf längere Zeit den Onkel in Lüthorst. Es hatte sich grad um einen Grundsatz der Wis-

30

senschaft, nämlich, daß nur aus einem befruchteten Ei ein lebendes Wesen entstehen könne, ein Streit erhoben. Ein schlichter katholischer Pfarrer wies nach, daß die Bienen eine Ausnahme machten. Mein Onkel, als gewandter Schriftsteller und guter Beobachter, ergriff seine Partei und beteiligte sich lebhaft an dem Kampfe. Auch mich zog es unwiderstehlich abseits in das Reich der Naturwissenschaften. Ich las Darwin, ich las Schopenhauer damals mit Leidenschaft. Doch so was läßt nach mit der Zeit. Ihre Schlüssel passen ja zu vielen Türen in dem verwunschenen Schloß dieser Welt; aber kein »hiesiger« Schlüssel, so scheint's, und wär's der Asketenschlüssel, paßt jemals zur Ausgangstür.

Von Lüthorst ging ich nach München. Indes in der damaligen akademischen Strömung kam mein flämisches Schifflein, das wohl auch schlecht gesteuert war, nicht recht zum Schwimmen.

Um so angenehmer war es im Künstlerverein, wo man sang und trank und sich nebenbei karikierend zu necken pflegte. Auch ich war solchen persönlichen Späßen nicht abgeneigt. Man ist ein Mensch und erfrischt und erbaut sich gern an den kleinen Verdrießlichkeiten und Dummheiten anderer Leute. Selbst über sich selber kann man lachen mitunter, und das ist ein Extrapläsier, denn dann kommt man sich sogar noch klüger und gedockener vor als man selbst.

Lachen ist ein Ausdruck relativer Behaglichkeit. Der Franzel hinterm Ofen freut sich der Wärme um so mehr, wenn er sieht, wie sich draußen der Hansel in die rötlichen Hände pustet. Zum Gebrauch in der Öffentlichkeit habe ich jedoch nur Phantasiehanseln genommen. Man kann sie auch besser herrichten nach Bedarf und sie eher tun und sagen lassen, was man will. Gut schien mir oft der Trochäus für biederes Reden; stets praktisch der Holzschnittstrich für stilvoll heitere Gestalten. So ein Konturwesen macht sich leicht frei von dem Gesetze der Schwere und kann, besonders wenn es nicht schön ist, viel aushalten, eh es uns weh tut. Man sieht die Sach an und schwebt derweil in behaglichem Selbstgefühl über den Leiden der Welt, ja über dem Künstler, der gar so naiv ist.

Auch das Gebirg, das noch nie in der Nähe gesehene, wurde für längere Zeit aufgesucht. An einem Spätnachmittag kam ich zu Fuß vor dem Dörfchen an, wo ich zu bleiben gedachte. Gleich das erste Häuschen mit dem Plätscherbrunnen und dem Zaun von Kürbis durchflochten sah verlockend idyllisch aus. Feldstuhl und Skizzenbuch wurden aufgeklappt. Auf der Schwelle saß ein steinaltes Mütterlein und schlief, das Kätzchen daneben. Plötzlich, aus dem Hintergrunde des Hauses, kam eine jüngere Frau, faßte die Alte bei den Haaren und schleifte sie auf den Kehrichthaufen. Dabei quäkte die Alte, wie ein Huhn, das geschlachtet werden soll. Feldstuhl und Skizzenbuch wurden zugeklappt. Mit diesem Rippenstoße führte mich das neckische Schicksal zu den trefflichen Bauersleuten und in die herrliche Gegend, von denen ich nur ungern wieder Abschied nahm.

Es kann 59 gewesen sein, als zuerst in den »Fliegenden« eine Zeichnung mit Text von mir gedruckt wurde: zwei Männer, die aufs Eis gehn, wobei einer den Kopf verliert. Vielfach, wie's die Not gebot, illustrierte ich dann neben eigenen auch fremde Texte. Bald aber meint ich, ich müßte alles halt selber machen. Die Situationen gerieten in Fluß und gruppierten sich zu kleinen Bildergeschichten, denen größere gefolgt sind. Fast alle hab ich, ohne wem was zu sagen, in Wiedensahl verfertigt. Dann hab ich sie laufen lassen auf den Markt, und da sind sie herumgesprungen, wie Buben tun, ohne viel Rücksicht zu nehmen auf gar zu empfindliche Hühneraugen; wohingegen man aber auch wohl annehmen darf, daß sie nicht gar zu empfindlich sind, wenn sie mal Schelte kriegen.

Man hat den Autor für einen Bücherwurm und Absonderling gehalten. Das erste mit Unrecht.

Zwar liest er unter anderm die Bibel, die großen Dramatiker, die Bekenntnisse des Augustin, den Pickwick und Don Quichotte und hält die Odyssee für das schönste der Märchenbücher, aber ein Bücherwurm ist doch ein Tierchen mit ganz andern Manierchen.

Ein Sonderling dürft er schon eher sein. Für die Gesellschaft, außer der unter vier bis sechs Augen, schwärmt er nicht sehr.

Groß war auch seine Nachlässigkeit, oder Schüchternheit, im schriftlichen Verkehr mit Fremden. Der gewandte Stilist, der seine Korrespondenten mit einem zierlichen Strohgeflechte beschenkt, macht sich umgehend beliebt, während der Unbeholfene, der seine Halme aneinanderknotet, wie der Bauer, wenn er Seile bindet, mit Recht befürchten muß, daß er Anstoß erregt. Er zögert und vergißt.

Verheiratet ist er auch nicht. Er denkt gelegentlich eine Steuer zu beantragen auf alle Ehemänner, die nicht nachweisen können, daß sie sich lediglich im Hinblick auf das Wohl des Vaterlandes vermählt haben. Wer eine hübsche und gescheite Frau hat, die ihre Dienstboten gut behandelt, zahlt das Doppelte. Den Ertrag kriegen die alten Junggesellen, damit sie doch auch eine Freud haben.

Ich komme zum Schluß. Das Porträt, um rund zu erscheinen, hätte mehr Reflexe gebraucht. Doch manche vorzügliche Menschen, die ich liebe und verehre, für Selbstbeleuchtungszwecke zu verwenden, wollte mir nicht passend erscheinen, und in bezug auf andere, die mir weniger sympathisch gewesen, halte ich ohnehin schon längst ein mildes, gemütliches Schweigen für gut.

So stehe ich denn tief unten an der Schattenseite des Berges. Aber ich bin nicht grämlich geworden; sondern wohlgemut, halb schmunzelnd, halb gerührt, höre ich das fröhliche Lachen von anderseits her, wo die Jugend im Sonnenschein nachrückt und hoffnungsfreudig nach oben strebt.

Eduards Traum

Manche Menschen haben es leider so an sich, daß sie uns gern ihre Träume erzählen, die doch meist nichts weiter sind, als die zweifelhaften Belustigungen in der Kinder- und Bedientenstube des Gehirns, nachdem der Vater und Hausherr zu Bette gegangen. Aber »Alle Menschen, ausgenommen die Damen«, spricht der Weise, »sind mangelhaft!«
Dies möge uns ein pädagogischer Wink sein. Denn da wir insoweit alle nicht nur viele große Tugenden besitzen, sondern zugleich einige kleine Mängel, wodurch andere belästigt werden, so dürften wir vielleicht Grund haben zur Nachsicht gegen einen Mitbruder, der sich in ähnlicher Lage befindet.
Auch Freund Eduard, so gut er sonst war, hub an, wie folgt:

Die Uhr schlug zehn. Unser kleiner Emil war längst zu Bett gebracht. Elise erhob sich, gab mir einen Kuß und sprach:
»Gute Nacht, Eduard! Komm bald nach!« Jedoch erst so gegen zwölf, nachdem ich, wie gewohnt, noch behaglich grübelnd ein wenig an den Grenzen des Unfaßbaren herumgeduselt, tat ich den letzten Zug aus dem Stummel der Havanna, nahm den letzten Schluck meines Abendtrunkes zu mir, stand auf, gähnte vernehmlich, denn ich war allein, und ging gleichfalls zur Ruhe.
Eine Weile noch, als ich dies getan, starrt ich, auf der linken Seite liegend, ins Licht der Kerze. Mit dem Schlage zwölf pustete ich's aus und legte mich auf den Rücken. Vor meinem

37

inneren Auge, wie auf einem gewimmelten Tapetengrunde, stand das Bild der Flamme, die ich soeben gelöscht hatte. Ich betrachtete sie fest und aufmerksam. Und nun, ich weiß nicht wie, passierte mir etwas Sonderbares.

Mein Geist, meine Seele, oder wie man's nennen will, kurz, so ungefähr alles, was ich im Kopfe hatte, fing an sich zusammenzuziehn. Mein intellektuelles Ich wurde kleiner und kleiner. Erst wie eine mittelgroße Kartoffel, dann wie eine Schweizerpille, dann wie ein Stecknadelkopf, dann noch kleiner und immer noch kleiner, bis es nicht mehr ging. Ich war zum Punkt geworden.

Im selben Moment erfaßte mich's, wie das geräuschvolle Sausen des Windes. Ich wurde hinausgewirbelt. Als ich mich umdrehte, sah ich in meine eigenen Naslöcher.

Da saß ich nun auf der Ecke des Nachttisches und dachte über mein Schicksal nach.

Ich war nicht bloß ein Punkt, ich war ein denkender Punkt. Und rührig war ich auch. Nicht nur eins und zwei war ich, sondern ich war dort gewesen und jetzt war ich hier. Meinen Bedarf an Raum und Zeit also macht ich selber, ganz en passant, gewissermaßen als Nebenprodukt.

Flink sprang ich auf und frei bewegt ich mich. Es war eine Bewegung nach Art der Schwebefliegen, die – witsch Rose, witsch Nelke und weg biste! – an sonnigen Sommertagen von Blume zu Blume huschen.

Zuerst mal schwebt ich nach meinem ehemaligen Körper hin. Da lag er; Augen zu, Maul offen, ein stattlicher Mann.

Dann schwebt ich über Elisen.

»Also so«, rief ich, »sieht der Vorgesetzte aus, wenn er schläft!« –

Hieraus, meine Lieben, könnt Ihr ersehn, wie sehr ich mich im Traume zu meinen Ungunsten verwandelt hatte, indem ich es wagte, so frech und leichtsinnig einen Gedanken auszusprechen, den ich im wachen und kompletten Zustande doch lieber nicht äußern möchte. –

Darauf stand ich einen Augenblick über Emils Bettchen still.

Sein kleines Händchen ruhte unter der Backe; die leere Saugflasche lag daneben.

»Ein hübscher Junge!« dachte ich. »Und ganz der Vater!« –

Ich sehe Euch an, meine Freunde! Der zustimmende Ausdruck auf Eueren lieben Gesichtern beschämt mich, und doch muß ich mir ja sagen, daß Ihr recht habt. –

Obwohl ich nun, wie erwähnt, infolge der traumhaften Isolierung meines Innern alle fünf Sinne, man möchte fast sagen, zu Hause gelassen, kam es mir doch vor, als bemerkte ich alles um mich her mit mehr als gewöhnlicher Deutlichkeit, selbst dann noch, als der Mond, der schräg durchs Fenster schien, bereits untergegangen. Es war eine Merkfähigkeit ohne viel Drum und Dran, was vielleicht manchem nicht einleuchtet.

Die Sache ist aber sehr einfach. Man muß nur noch mehr darüber nachdenken.

Um mal zu prüfen, ob ich überhaupt noch reflexfähig, flog ich vor den Spiegel.

Richtig! Da war ich! Ein feines Zappermentskerlchen von mikroskopischer Niedlichkeit!

»Wie?« rief ich, »hat man denn, nachdem man seinen alten Menschen so gut wie abgewickelt, doch noch immer was an sich? – Warrrum nicht gaarrrr!«

Hier unterbrach mich plötzlich eine Stimme mit den Worten: **Eduard schnarche nicht so!!**

Nur derjenige, welcher vielleicht mal zufällig durch ein redendes Nebelhorn in seinem Mittagsschläfchen gestört wurde, kann sich eine ungefähre Vorstellung davon machen, wie sehr dies Wort mein innerstes Wesen, man hätte meinen sollen für immer, ins Stocken brachte. Wohl drei ganze Sekunden verliefen, bis ich wieder zu mir selbst kam.

Die Sache hier paßte mir nicht. Ohne Rücksicht auf Frau und Kind beschloß ich auf Reisen zu gehn.

Telegraphisch gedankenhaft tat ich einen Seitenwitscher direkt durch die Wand, denn das war mir wie gar nichts, und befand mich sofort in einer freundlichen Gegend, im Gebiete der Zahlen, wo ein hübsches arithmetisches Städtchen lag. –

Drollig! Daß im Traume selbst Schnörkel lebendig werden! –

Der Morgen brach an. Einige unbenannte Ackerbürger vor dem Tore bearbeiteten schon zu so früher Stunde ihr Einmaleins.

39

Diese Leutchen vermehren sich schlecht und recht, und wenn sie auch nicht viel hinter sich bringen, so wollen sie auch nicht hoch hinaus.

Mehr schon auf Rang und Stand geben die städtischen Beamten. Man sprach viel über eine gewisse Null, die schon manchem redlichen Kerl im Wege gestanden, und wenn einer befördert würde, sagten sie, der's nicht verdient hätte, dann steckte, so gewiß, wie zwei mal zwei vier ist, die alte intrigante Null dahinter.

Im Villenviertel hausen die Vornehmen, die ihren Stammbaum bis in die ältesten Abc-Bücher verfolgen können. Ein gewisser x ist der Gesuchteste von allen, doch so zurückhaltend, daß täglich wohl tausend Narren nach ihm fragen, ehe ein Weiser ihn treffen kann.

Andere sind fast zudringlich zu nennen. Zwei, denen ich auf der Promenade begegnete, stellten sich mir gleich zweimal vor. Erst der Herr a und dann der Herr b und dann der Herr b und drauf der Herr a, und dann fragten sie mit süffisanter Miene, ob das nicht ganz gleich sei, nämlich a + b = b + a?

»Mir schon!« gab ich höflich zur Antwort. Und doch wußt ich nur zu gut, daß die Sache, wenigstens in einer Beziehung, nicht richtig war.

Aber solch kleine Ungenauigkeiten aus verbindlicher Rücksicht können auch im Traume wohl mal vorkommen. –

Ich begab mich auf den Markt, wo die benannten Zahlen ihr geschäftliches Wesen treiben.

In glitschiger Eile kam mir eine Wurst im Preise von 93 ₰ entgegengelaufen. 17 Schneidergesellen, die mit gespreizten Beinen, gespreizten Scheren und gespreizten Mäulern hinter ihr her waren, faßten sie beim Zipfel. Sie hätten ihr Geld bezahlt, schrien sie, und nun wollten sie schnippschnapp dividieren. »Das geht ja nicht auf!« keuchte die Wurst, welche Angstfett schwitzte, denn die begierigen Schneider hatten sie bereits angeprickelt mit ihren Scheren; macht 34 Löcher. Jetzt kam ein rechenkundiger Schreiber dazu. Er trug eine schwefelgelbe Hose zu 45 ₰ die Elle, einen gepumpten Frack und einen unbezahlten Zylinder. Sofort stellte er eine falsche Gleichung auf und brachte dabei die Wurst auf seine Seite. Die Schnei-

40

der verstanden das schlecht. Sie kürzten ihm den Schniepel, sie schnitten ihm die Knöpfe von der Hose, sie trennten die Hinternaht auf, und wär'er nicht eilig, unter Zurücklassung der Wurst, in ein unendlich kleines Nebengäßchen entsprungen, sie hätten ihn richtig aufgelöst. Nun aber, als sie eben wieder die Wurst ins Auge faßten, erhub sich ein neues Geschrei. Es war die Metzgersgattin = 275 ℔ Lebendgewicht. Sie hätte kein Geld gesehen, tobte sie, und 93 ₰ gleich so nur in den rauchenden Schornstein zu schreiben, das ginge gegen ihr menschliches Defizit. Sofort, gegen die runde Summe ihres empörten Busens gerichtet, erklirrten die Scheren der beleidigten Schneider. Der Lärm war groß. Die Menge wuchs. 50 Stück gesalzene Heringe, 1/2 Schock Eier, 3 Dutzend Harzkäse, 1 Pulle Schnaps, 3/4 ℔ Amtbutter, 6 ℔ Bauernbutter, 15 Lot Schnupftabak und zahlreiche Ditos vermehrten den Aufruhr.

Hart bedrängt von den spitzigen Scheren der Schneider, tat die Metzgerin einen Rückschritt. Sie tritt auf die 3/4 ℔ Amtbutter, gleitet aus, setzt sich in die 6 ℔ Bauernbutter, zieht im Fallen 2 Lot Schnupftabak in die Nase, in jedes Loch eins, muß niesen, schlägt infolgedessen einen Purzelbaum vornüber, zerdrückt 3 Harzkäse und die Schluckpulle und trifft mit ihren zwei schwunghaften Absätzen zwei Heringen dermaßen auf die Bauchflossen, daß ihnen ihre zwei armen Seelen aus dem Leib rutschten, wie geschmiert. Plötzlich, als die Verwicklung am schwierigsten schien, zerstreut sich die Menge. Eine überwiegende Größe, der Stadtsoldat, ist hinzugekommen. Schleunig drücken sich die Heringe in ihre Tonne; die Schneider, mit den noch schnell erwischten zwei Seelen, machen sich dünne; die Käse verduften; der Schnupftabak verkrümelt sich; aber sämtliche Eier, die nun doch weniger gut rochen, als man's ihnen bei Lebzeiten allgemein zugetraut, verquirlt mit den sonst noch Verdrückten und Verunglückten, blieben zermatscht auf dem Platze; während die Metzgersfrau, die inmitten der ganzen Bescherung saß, die erschlaffte Wurst in der erhobenen Rechten schwang und in einem fort plärrte: »Es gibt keine Richtigkeit mehr in der Stadt, und das sag Ich!«, bei welcher Gelegenheit ihr die zwei Lot Schnupftabak wieder aus der Nase liefen, aus jedem Loch eins, und auch noch

41

glücklich entwischten. Der Stadtsoldat, seiner Aufgabe völlig gewachsen, notierte sich die entseelten Heringe, behielt die Käse, die Butter und die Glasscherben einfach im Kopfe, addierte Frau und Wurst, setzte sie in Klammern und transportierte sie auf die Stadtwaage, wo man richtig die eine zu schwer, die andere zu leicht erfand. Subtraktion war die gerichtliche Folge. Die Wurst wurde abgezogen für den Fiskus, der Rest, wegen Verleumdung der Obrigkeit, dreimal kreuzweis durchgestrichen, und zwar mit Tinte, der brave Stadtsoldat dagegen vom unendlich großen Bürgermeister noch selbigen Tages zur dritten Potenz erhoben.

Übrigens schwebten vor der Verrechnungskammer gleichzeitig noch mehrere Fälle, die ebenso prompt erledigt wurden.

Jugendliche Schiefertafelschnitzer verknurrte man einfach zur Durchwischung mit Spucke; schon ältere in Blei zur eindringlichen Radierung mit Gummi, erstmalig mit weichem, bei Wiederholung mit hartem.

Was aber die weiblichen Additionsexempel anbelangt, deren sehr viele vorgeführt wurden, so mußten sie allesamt freigesprochen werden, weil sie sämtlich ihr geistiges Alibi nachweisen konnten.

Es fanden sich hübsche Lustgärten in dieser Stadt und Obstbäume voll goldener Prozentchen, und auf und nieder an papierenen Leitern stiegen die Dividenden, und einige fielen herunter, und dann rieben sie sich die Verlustseite und hinkten traurig nach Hause.

Kummer und Elend gab's auch sonst noch genug. An allen Straßenecken hockten die gebrochenen Zahlen; arme geschwollene Nenner, die ihre kleinen schmächtigen Zählerchen auf dem Buckel trugen und mich flehentlich ansahn. Es ließ mich kühl. Ich hatte kein Geld bei mir; aber wenn auch, gegeben hätt ich doch nichts.

Ich hatte meine Natur verändert; denn daß es mir sonst da, wo die Not groß ist, auf zwei Pfennige nicht ankommt, das wißt Ihr, meine Lieben!

Es mochte so nachmittags gegen fünf Uhr sein, als ich weiterreiste und, eine unbestimmte Gegend durchstreifend, auf der Gemeindetrift anlangte, wo grad das Völklein der Punkte sein übliches Freischießen feierte. Schwarz war heute der Punkt, worauf's ankommt, und Tüpfel war Schützenkönig.

Je kleiner die Leute, je größer das Pläsier. Alles krimmelte und wimmelte durcheinander, wie fröhliche Infusorien in einer alten Regentonne.

Im Zelte ging's hoch her. Mit mückenhafter Gelenkigkeit wirbelten die »denkenden Punkte« mit ihren geliebten kleinen Ideen über den Tanzboden dahin. Auch ich engagierte eine, die schimmelte, ein simples Dorfkind, und walzte ein paarmal herum mit ihr.

Noch gewandter und windiger als wir, und das will doch was sagen, trieben die nur gedachten, die rein mathematischen Punkte ihre terpsichorischen Künste. Sie waren aber dermaßen schüchtern, daß sie immer kleiner und kleiner wurden, je mehr man sie ansah; ja, einer verschwand gänzlich, als ich ihn schärfer ins Auge faßte. –

Gelungene Burschen, diese Art Punkte! Der alte Brenneke, mein Mathematiklehrer, pflegte freilich zu sagen: »Wer sich keinen Punkt denken kann, der ist einfach zu faul dazu!« Ich hab's oft versucht seitdem. Aber just dann, wenn ich denke, ich hätt ihn, just dann hab ich gar nichts. Und überhaupt, meine Freunde! Geht's uns nicht so mit allen Dingen, denen wir gründlich zu Leibe rücken, daß sie grad dann, wenn wir sie mit dem zärtlichsten Scharfsinn erfassen möchten, sich heimtückisch zurückziehn in den Schlupfwinkel der Unbegreiflichkeit, um spurlos zu verschwinden, wie der bezauberte Hase, den der Jäger nie treffen kann? Ihr nickt; ich auch. –

Mehr behäbig, so fuhr Freund Eduard in der Erzählung seines Traumes fort, als diese gedachten Punkte zeigten sich die gemachten in Tusche und Tinte. Sie saßen still und versimpelt auf ihren Reißbrettern an der Wand herum und freuten sich, daß sie überhaupt da waren.

Die kritischen Punkte dagegen, mit ihren boshaften Gesichtern, standen natürlich jedem im Wege. Einer von ihnen, ein besonders frecher, trat einer noch hübsch jugendlichen Idee auf die Schleppe und zugleich ihrem denkenden Herrn dermaßen aufs Hühnerauge, daß ihm die Gründe stockten, sein Geschrei also losging. Da sämtliche Streit- und Ehrenpunkte, deren viele zugegen, sich dreinmischten, so gab's einen netten, aufgeweckten Skandal, der alle erfreute, welche dabeistanden. Der Kontrapunkt ließ weiterblasen. Ich wandte mich einer entfernteren Gesellschaft zu.

Es waren Atome, die eben zur Française antraten. Mit großer Sicherheit tanzten sie ihre verzwickten molekülarischen Touren durch, und als sie aufhörten und sich niedersetzten, war's allen hübsch warm geworden. Sie sind nicht so stupid, wie man sonst wohl zu glauben pflegt, sondern haben ihre interessanten und interessierten Seiten, so daß selbst so was wie ein zärtliches Verhältnis zwischen ihnen nicht selten ist.

Eine ihrer Damen kam mir bekannt vor. Wo hatt ich sie nur gesehen? Richtig! Bei Leibnizens. Die alte Monade, und ordentlich wieder jung geworden! Schon hat auch sie mich erkannt. Sie fliegt auf mich zu, sie umklammert mich mit ihren mageren Valenzen, sie preßt mir einen rotglühenden Kuß auf die Lippen und ruft schwärmerisch:

»Mein süßer Freund! Oh, laß uns ewig zusammenhaften!«

Ich verhielt mich abstoßend. Mit unglaublicher Schnelligkeit schoß ich oben durchs Zeltdach und eilte sodann, nicht ohne ängstliche Rückblicke, in die möglichste Ferne hinaus. Wie sich zeigte, nicht ganz allein.

Dicht neben mir ließ sich ein kümmerliches Hüsteln vernehmen. Es war der mathematische Punkt, den ich vorhin zu fixieren versuchte. Zu Hause, so klagte er lispelnd, brächte er's doch zu nichts. Nun wollte er mal sehn, ob dort drunten in der geometrischen Ebene für ihn nichts zu machen sei.

Da lag sie vor uns, die Horizontalebene, im Glanze der sinkenden Abendsonne. Kein Baum, kein Strauch, kein Fabrikschornstein ragte draus hervor. Alles flach, wie Judenmatzen, ja noch zehntausendmal flacher; und doch befanden wir uns am Eingang eines betriebsamen Städtchens, welches nur platt auf der Seite lag.

Das Tor, welches wir passieren mußten, hatte nur Breite, aber nicht die mindeste Höhe. Es war so niedrig, daß ich mir, obgleich ich mich bückte, doch noch die Glatze etwas abschabte, und selbst mein winziger Begleiter konnte nur eben drunter durch. Er fand noch am selben Abend eine Anstellung bei einem tüchtigen Geometer, der ihn sofort in die Reißfeder nahm, um ihn an den Ort seiner künftigen Wirksamkeit zu übertragen, wozu ich ihm besten Erfolg wünschte. Ich selber suchte, da es schon spät, eine naheliegende Herberge auf.

Hier nun trat mir zum ersten Mal in Gestalt des Herrn Oberkellners eine richtige mathematische grade Linie entgegen. Etwas Schlankeres gibt's nicht. Mir fiel dabei ein, was Peter, mein kleiner Neffe, mal sagte.

»Onkel Eduard!« sagte er. »Ein Geist muß aber recht mager sein, weil man ihn gar nicht sieht!«

Und wie lächerlich dünn so ein mathematischer Strich ist, das sah ich so recht des Nachts, als ich zu Bette gegangen. In der Kammer nebenan schliefen ihrer dreißig in einer Bettstelle, die nicht breiter war als ein Zigarrenetui, und doch blieb noch Platz übrig. Freilich, erst schalten sie sich, denn es war ein Pole dabei, der an unruhigen Träumen litt und sich viel hin und her wälzte, bis sie ihn schließlich durch zwei Punkte festlegten; dann gab er Ruh. Ich bemühte mich, seinen Namen auszusprechen: »Chrr – Chrrr – Chrrrrr –«

Im selben Augenblick ließ sich wieder die Stimme vernehmen: **Eduard schnarche nicht so!!**

Ich fuhr heftig zusammen. Aber während ich das erste Mal fast volle drei Sekunden nötig hatte, um mein inneres Gleichgewicht wiederzufinden, braucht ich diesmal kaum zwei; dann ging ich schon wieder meinen gewohnten Gedanken nach, als sei weiter nichts vorgefallen.

Vielleicht, meine Freunde, möchte nun dieser oder jener unter Euch geneigt sein, von mir zu erfahren, woher die erwähnte Stimme denn wohl eigentlich kommen konnte. Darauf erwidere ich, daß ich in der Regel vielzuviel Takt besitze, um auch nur die allergeringste Mitteilung über Dinge zu machen, die keinen andern was angehn. Entschuldigt meine Entschiedenheit! –

Am nächsten Morgen besah ich mir die Stadt. Selbstverständlich muß jedermann platt auf dem Bauche rutschen. Vornehme und Geringe sind auf den ersten Blick nur schwer zu unterscheiden, und wer genötigt ist, höflich zu sein, muß riesig aufpassen; denn da nichts Höhe hat, also gar keinen Schatten wirft, so erscheint vorläufig jeder, auch der quadratisch Gehaltvollste und Eckigste, der einem begegnet, als gewöhnlicher Strich.

Natürlich zieht der Mangel an Schatten auch den Mangel an Photographen nach sich, und so müssen denn die Leute den schönen Zimmerschmuck entbehren, wofür wir unserseits diesen Künstlern so dankbar sind. Aber man behilft sich, so gut es geht. Man läßt seinen Schreiner kommen; man läßt sich ausmessen; er macht einen kleinen proportionalen Abriß in das Album des betreffenden Freundes, notiert den wirklichen Quadratinhalt nebst Jahr und Datum in die Mitte der werten Figur, und das Andenken ist fertig.

Was nun das ewige Rutschen betrifft, so wollte mir ein Eingeborener, der durchaus treuherzig und vollkommen glaubwürdig aussah, die feste Versicherung geben, daß es, obwohl hier jeder von Haus aus unendlich dünn sei, doch einige Briefträger gäbe, die sich mit der Zeit so abgeschabt hätten, daß sie auf ihre alten Tage nur halb so dünn wären wie möglich.

Dies schien mir bemerkenswert wegen der Kongruenz. Denn erwies sich die Angabe als richtig, so war eine tatsächliche Deckung ganz gleicher Figuren, welche mir bei den äußerst gedrückten Ortsverhältnissen unmöglich schien, doch unter Umständen nicht ausgeschlossen. Ich erkundigte mich nach dem Kongruenzamte, eine Einrichtung, die ungefähr unserm Standesamte entsprechen würde. Da mir niemand Auskunft zu geben vermochte, wandte ich mich direkt an den Magistrat.

»Solche Dummheiten«, hieß es, »machen wir hier nicht. Die das wollen, müssen sich gefälligst in die dritte Dimension bemühn, und die Symmetrischen erst recht!«

Ihr altes Ratszimmer war ungemein dumpf und niedrig. Daher empfahl ich mich umgehends mit einem lustigen Vertikalsprunge nach oben durch den Plafond und atmete auf im dreidimensionalen Raume, wo stereometrische Freiheit herrschte, wo der Kongruenz räumlich gleichgestimmter Paare keine Ehehindernisse im Wege standen.

So dacht ich. Aber Ausnahmen, wie überall, gab's leider auch hier.

Grad kamen zwei sphärische Dreiecke, eins genau das geliebte Spiegelbild des andern, sehr gerötet vom Kongruenzamte, wo man sie abgewiesen. Sie trug ein schön krumm gebügeltes Sacktuch von unendlich durchsichtigem Batist und weinte die landesüblichen Tränen, gleich niedlichen Seifenbläschen, die der Zephir entführte. Ein Paar unendlich feiner Handschuhe, ein linker und ein rechter, er Brautführer, sie Kranzjungfer, versuchten ihr Trost zu spenden, indem sie sagten: Ihnen ginge es ja auch so, und wenn alle Stricke rissen, dann könnte man ja immer noch durchbrennen in die vierte Dimension, wo nichts mehr unmöglich sei.

»Ach!« schluchzte die Braut. »Wer weiß, wie es da aussieht!« Und ihre Tränen säuselten weiter.

Fürwahr, ein herbes Schicksal! Aber, meine Freunde, seien wir nicht zu voreilig mit unserem sonst löblichen Mitgefühl. Es war alles nur Getus.

Nämlich die Bewohner dieses unwesentlichen Landes sind hohl. Es scheint Sonne und Mond hindurch, und wer hinter ihnen steht, der kann ihnen mit Leichtigkeit die Knöpfe vorn an der Weste zählen. Einer durchschaut den andern; und doch reden diese Leute, die sich durch und durch kennen, die nicht so viel Eingeweide haben wie ein ausgepustetes Sperlingsei, von dem edlen Drange ihres Inneren und sagen sich darüber die schönsten Flattusen. Ja, einer war da, der wollte behaupten, er hätte einen fünf Pfund schweren Gallenstein und verfluchte sein Dasein und schnitt Gesichter, und seine Familie sprang nur so, wenn er pfiff, und tat ganz so, als wär's so, und seine Nachbarn machten ihm Kondolenzvisiten unter kläglichem Mienenspiel.

Wie heuchlerisch man hier ist und zugleich wie wesenlos, das bewiesen so recht zwei alte Freundinnen, die sich in den Tod nicht ausstehn konnten, und nun, nach langer Trennung, sich wieder begegneten. Sie küßten sich so herzlich und durchdringend, daß ihnen die gegenseitigen Nasen eine Elle lang hinten aus den gegenseitigen Chignons hervorstanden.

Schwere gab's hier nicht. Man bewegt sich am Boden oder in der Luft, gleichviel, mit einer unabhängigen Leichtigkeit, wie sie nur bei solch rein förmlichen Blasengestalten und Windbeuteln sich denken läßt.

Ich sah einen neckischen alten Geißbock, der turmhohe Sätze machte. Und was die Flöhe sind, wer da nicht aufpaßt beim ersten Griff, weg hupfen's bis in die Wolken.

Zwar hupfen konnt ich auch, wie nur einer. Aber mit mir war das was anderes. Ich hatte Fond. –

Wie Ihr seht, meine Lieben; eine Ausrede zugunsten der eigenen Vortrefflichkeit stellt selbst im Traume sich ein! –

Übrigens hatt ich die leeren Gestalten dieser eingebildeten Welt jetzt satt gekriegt und beeilte mich wegzukommen. Am Ausgange wurde ich mit einer fetten Baßstimme von einem Unbekannten angeredet, der so rund und dick war, daß er die ganze Türe versperrte.

Er entpuppte sich als mein ehemaliger Reisebegleiter, das mathematische Pünktchen.

Durch eine gewandte Drehung in der Ebene hatte er's dort bald zu einem umfangreichen Kreise gebracht, war darauf in den dreidimensionalen Raum ausgewandert, hatte sich hier durch ähnliche Umtriebe zur wohlbeleibten Kugel entwickelt und wollte sich nun mit Hilfe eines geeigneten Mediums materialisieren lassen, um dann später, ein Streber wie er war, als Globus an die Realschule zu gehn.

Aus dem nichtssagenden Kerlchen war ein richtiger Protz geworden, der mich behaglich wohltuend zu behandeln gedachte. Da ich mir das aber von einem bloß aufgeblasenen Punkte, denn das sind alle seinesgleichen, nicht gefallen lassen wollte, so tat ich, ohne mich weiter zu verabschieden, einen eleganten Seitensatz durch die Bretterwand, hinter welcher, so meint ich, die vollständige Welt lag. Es war aber nur Stückwerk.

Zunächst geriet ich in ein Kommunalwesen von lauter Köpfen, die sich auf der Höhe eines Berges in einem altdeutschen Gehölze eingenistet hatten. Hinter jedem Ohre besitzt jeder einen Flügel; eine zweckentsprechende Umbildung des bekannten Muskels, den wir Kopfnicker nennen. An den Sümpfen herum sitzen die Wasserköpfe, blinzeln träge mit den Augen und lassen sich die Sonne ins Maul scheinen. Querköpfe, welche die Eitelkeit ihrer Meinung besitzen, streiten und stoßen sich in der Luft herum; fast jeder hat Beulen grün und blau. Sie leben von Wind. Was sie sonst brauchen, verdienen sie sich als Redner und Bänkelsänger. Zum Ohrfeigen, zum Hinausschmeißen, zum Balbieren und Frisieren mieten sie sich die geeigneten Hände; ebenso, um sich die Nase putzen zu lassen, was besonders kostspielig, wenn einer den Schnupfen hat. Hosenstoffe gebrauchen sie nicht. Manche sind niedlich. Ihrer zwei, ein Männchen und ein Weibchen, saßen zärtlich zusammengeschmiegt in einem Baum voll grüner Notenblätter und sangen das schöne Duett: »Du hast mein Herz und ich das deine«, und wie's weiter geht.

Etwas tiefer am Berg hinab, in Hütten und Krambuden, leben, weben und schweben die Hände apart für sich. Sie sind teils Schreiber und Schrupper und sonst dergleichen für die Köpfe weiter oben, teils Strumpfwirker und Streichmusikanten und sonst dergleichen für die Füße, die unten im Tale hausen. Ihre Geschicklichkeit ist mitunter nicht unerheblich. Ein Barbier, der mit wenig Seife viel Schaum schlagen konnte, war kürzlich unter die Literaten gegangen. Er hatte großen Erfolg, wie ich hörte, trug bereits drei Brillantringe an jedem Finger und wollte sich demnächst mit einer Köchin verheiraten, die ohne Schwierigkeit ein einziges Eiweiß zu mehr als fünfzig Schaumklößen aufbauschte, also auch noch was leisten konnte. –

Übrigens muß ich sagen, meine Freunde, prätendierten eigentlich diese sich immerhin nicht als ganz unreell aufspielenden Extremitäten ein recht unverschämt unbefangenes Dasein. Das lästige Gummibändel z. B., womit sonst die Frackschöße aller Dinge hienieden, kein Mensch weiß wie, am Kernpunkt der Erde haften, schienen sie gänzlich zu ignorieren, während die Köpfe wenigstens Flügel hatten. Und doch fiel mir's nicht auf in meinem Traume, und doch hielt ich mich für sehr scharfsichtig, und doch war ich's oft gar nicht; genau so, wie's uns geht, wenn wir wachen.

Eben, als ich mich von hier entfernt hatte, umwölkte sich der Himmel. Es donnerte und blitzte. Es war eins jener schrecklichen Unwetter, die dem Wanderer, dem Mitgliede des Alpenklubs, der auf steilen Pfaden ohne Führer herniedersteigt, so häufig verderblich werden. Meiner Wenigkeit dagegen war es sogar ganz lieb, als mich nun plötzlich ein heftiger Windstoß ins Tal entführte, wo das heiterste Wetter herrschte.

Auf einem sanft ansteigenden Wiesenflecke, umgeben von zopfigen Hecken, tanzten die zierlichsten Füße in rosa Trikot ein anmutiges Kunstballett. Einige fette Hämmel, wie auch viele kleine Meerschweinchen, sahen zu, und zwei größere Zunftverbände von wohlgeleiteten Händen sorgten für Musik und ergiebigen Beifall.

Noch ehe das Stück zu Ende, verließ ich das Gebiet der aparten Körperteile vermittelst eines parabolischen Sprunges über die benachbarten Berge in die gewöhnliche Welt hinein, wo jeder seine gesunden Gliedmaßen beieinander hat.

Wohl zehn Meter hoch schwebt ich nun über einem regelmäßig karierten Ackergefilde, in dessen Mitte ein freundliches Dörfchen lag.

Es war Sommer. Schon zog hie und da auf sanft bewegter Luft ein silbernes Fädchen dahin. Auf eins derselben ließ ich mich nieder, neben einer kleinen verschrumpften Spinne, die, kaum daß sie mich bemerkt hatte, sich auch schon gedrungen fühlte, mich mit der Geschichte ihres Lebens zu beglücken.

Einst, so fing sie an zu wehmüteln, vor circa zweitausend Jahren, da sei sie eine ungewöhnlich reizende Walküre gewesen, hochsausend auf stolzem Roß und beliebt bei den Mannsleuten. Dann, als sie alt geworden, habe sich keiner mehr um sie bekümmert, außer der Teufel. So wäre sie zur Hexe geworden und wär durch die Lüfte geritten auf dem Besenstiel, in böswilliger Absicht. Aber selbst der Teufel, nachdem sie ihren tausendsten Geburtstag gefeiert, sei ihr nicht treu geblieben. Da habe sie den Salbentopf hergekriegt und habe sich wirkungsvoll murmelnd in eine Spinne verwandelt und sich dann rückwärts dies Luftschiff verfertigt und segle mit gutem Winde all die Zeit her, und wenn die Leute riefen: Altweibersommer!, so sei ihr das schnuppe. Apa!

»Madam!« sprach ich. »Sie haben was durchgemacht. Reisen Sie glücklich!«

Damit sprang ich ab und setzte mich auf den vorstehenden Ast einer stattlichen Linde.

Drunten am Boden kneteten zwei Bauernknaben schöne Klöße aus Lehm, den sie selber befeuchtet hatten. Ein Zwist brach aus. Sie klatschten sich ihr Backwerk auf die beiderseitigen Nasen, und die Töne, die sie dabei ausstießen, lauteten a! e! i! o! u!

Im Wipfel saß ein liebendes Taubenpärchen. Oben hoch drüber kreiste spähend ein Habicht. »Nurdu, nurdu!« girrte zärtlich der Täuberich. »Hihi!« kreischt der Habicht und hat ihn.

In Anbetracht der soeben vernommenen Naturlaute schickte ich mich an, eine wichtige Bemerkung zu machen.

»Der Urrsprrung der Sprrrraaache« – fing ich an –

Eduard schnarche nicht so!

unterbrach mich schon wieder die Stimme. Ich fuhr zusammen. Doch während ich das vorige Mal fast zwei volle Sekunden nötig hatte, um meine Haltung wiederzugewinnen, braucht ich diesmal nur eine.

Als ich mich gesammelt hatte, saß ich auf der Spitze eines Grashalms am Rande eines Teiches, der inmitten eines hübschen Gehöftes lag.

Drei lebenslustige Fliegen schwärmten dicht über dem Wasser. Drei genußfrohe Fischlein erschnappten sie. Indem, so schwammen drei Enten herbei. Jedwede erfaßte ein Fischlein beim Frack, erhob den Schnabel und ließ es hinunterglitschen ins dunkle Selbst hinab. Die erste hieß Mäs, die zweite hieß Bäs, die dritte hieß Tricktracktrilljäs. Diese letztere nun, um den Grund des Wassers zu erforschen, nahm eine Stellung an, wobei sich der Kopf nach abwärts richtet.

»Guck mal!« schnatterte die Frau Mäs der Frau Bäs ins Ohr. »Was hat unsere Frau Tricktracktrilljäs für ein dickes Gesäß!«

Hätten sie ahnen können, was die nächste Zukunft unter der Schürze trug, sie hätten wohl nicht so lieblos geurteilt über die körperlichen Verhältnisse einer Freundin, welche nun bald ebenso tot sein sollte wie sie selber. Die freundliche Bauersfrau nämlich trat aus der Türe des Hauses, lockte unter dem Vorwande von Brotkrumen die Schnabeltiere in den Küchenraum und hackte ihnen die Köpfe ab.

Sie hackte sich aber auch, weil sie natürlich mal wieder zu hastig war, dabei in den Zeigefinger. Das Beil war rostig. Der

Finger verdickte sich. Schon zeigten sich alle Symptome einer geschwollenen Blutwurst.

Der Dokter kam. Er wußte Bescheid. Erst schnitt er ihr den Finger ab, aber es half nicht; dann ging er höher und schnitt ihr den Ärmel ab, aber es half nicht; dann schnitt er ihr den Kopf ab, aber es half nicht; dann ging er tiefer und schnitt ihr die Trikottaille ab, und dann schnitt er ihr die wollenen Strümpfe ab, aber es half nicht; als er aber an die empfindlichen Hühneraugen kam, vernahm man einen durchdringenden Schrei, und im Umsehn war sie tot.

Der Bauer war untröstlich; denn das Honorar betrug 53 Mk. 75 ₰. Der Dokter steckte das Honorar in sein braunledernes Portemonnaie; der Bauer schluchzte. Der Dokter steckte sein braunledernes Portemonnaie in die Hosentasche; der Bauer sank auf einen geflochtenen Rohrstuhl und starrte seelenlos in die verödete Welt hinaus.

Der Dokter besaß Takt. Andante ritt er vom Hofe weg, und erst dann, als er die Landstraße erreichte, fing er scherzando zu traben an, und zwar englisch. Er wußte noch nicht, daß seine Hosentasche im stillen ein Loch hatte.

Inzwischen begab sich der betrübte Witwer in den Schweinestall und besah seine Ferkeln. Es waren ihrer dreizehn, à Stück 22 Mk. Seine Tränen flossen langsamer. Als er wieder ins Freie trat, war er ein neuer Mensch geworden.

Ich flog ins Nachbarhaus.

Der Landmann, welcher hier wohnte, war ein Vetter des vorigen. Er hackte Holz entzwei, während seine Gemahlin sich mal eben entfernt hatte, um im nahen Gebüsch für die Mekkerziege ein schmackhaftes Futter zu pflücken. »Oh, meine Mamme ist weg!« schrie das Kind und kam aus dem Hause gelaufen und weinte sehr heftig. »Da weinst du über!« sprach der besonnene Vater. »Mach dich doch nicht lächerlich!« —

Dieser Vater, so scheint's, hatte bereits den Gipfel der ehelichen Zärtlichkeit erklommen, wo die Schneeregion anfängt.

Ich flog ins Nachbarhaus.

Der Landmann, welcher hier wohnte, war ein Onkel des vorigen. Soeben, mit dem Stabe in der Hand, von einem erfolgreichen Besuche der Schenke zurückkehrend, betrat er das Zimmer, wo ihn seine zahlreiche Familie voller Spannung erwartete. Er warf seinen Hut auf die Erde und rief: »Wer ihn aufhebt, kriegt Hiebe, wer ihn liegen läßt, auch!« Er war ein höchst zuverlässiger Mann. Er hielt sein Wort. –

Ach, meine Lieben! Wie oft im Leben wirft uns das Schicksal seinen tragischen Hut vor die Füße, und wir mögen tun, was wir wollen, Verdruß gibt's doch. –

Ich flog ins Nachbarhaus.

Im Kuhstall, den er soeben gereinigt, steht ein denkender Greis. Er schließt die Luke. »Merkwürdig!« sprach er und stützte das Kinn auf die Mistgabel. »Merkwürdig! Wenn man die Klappe zumacht, daß es dann dunkel wird!« Und so stand er noch lange und dachte und dachte; als ob es nicht schon Sorgen genug gäbe in der Welt, auch ohne das. Und es war sehr düster in diesem Kuhstalle.

Ich flog ins Nachbarhaus.

Die hübsche stramme Bäuerin hat ihr hübsches strammes Bübchen auf dem Schoße liegen, sein Gesichtchen nach unten gekehrt. Sie lüftet ihm das Hemdchen; sie reibt ihm den Rücken; er strampelt mit den Beinen vor lauter Behagen. »Oh, tu tu tu mit tein ticken tinketen Popösichen!« so ruft sie in mütterlich-kindischem Stoppeldeutsch; und während sie dies tut, gibt sie dem Herzensbengel bei jedem Worte einen klatschenden Schmatz auf die rosigen Hinterbäckchen. –

Ach, meine Freunde! Wie viel Liebes und Gutes passiert uns doch in der Jugend, worauf wir im Alter nicht mehr mit Sicherheit rechnen dürfen! –

Ich flog ins Nachbarhaus.

Ein zehnjähriger Junge kommt grad aus der Schule, und noch ganz rot vor Begeisterung ruft er: »Höre mal, Vater! Unser Schulmeister hat aber einen ganz verflixten Stock. Hier vorne schlägt er hin und da hinten kneift es!!«

Dieser heimtückische Stock stammte vermutlich aus der nämlichen Hecke, wo die abscheulichen Menschen ihre ironischen Gerten schneiden, die auch immer so hintenherum kommen. Ein treuherziger Mensch tut so was nicht. –

Ich flog – doch der Abwechselung wegen will ich lieber mal sagen: ich schwirrte.

Ich schwirrte ins Nachbarhaus.

Im wöhnlichen Stübchen voll sumsender Fliegen steht das

tätige Mütterlein. Sie sucht Fliegenbeine aus der Butter, die sie demnächst zu kneten gedenkt; denn Reinlichkeit ist die Zierde der Hausfrau. Aber ihr Stolz ist die Klugheit. Mit mildem Kartoffelbrei füllt sie die Butterwälze, denn morgen ist Markttag in der Stadt.

Ich schwirrte ins Nachbarhaus.

Des Bauern Töchterlein sitzt am Klavier. Es klopft. »Sind der Herr Vater zu Hause?« so fragte der Hammelkäufer. »Bedaure sehr!« erwidert sie zierlich. »Papa fährt Mist!« –

Ein erfreuliches Beispiel frisch aufblühender Bildungsverhältnisse, die noch etwas von dem kräftigen Dufte des humushaltigen Erdreichs an sich haben, worauf sie gewachsen sind. –

Ich schwirrte ins Nachbarhaus.

Ein altes ehrwürdiges Gebäude. Der Besitzer schien etwas zerstreut zu sein. Er hält eine lange Unschlittkerze in der Hand, umwickelt sie unten mit Werg, das er mit Petroleum tränkt, steigt damit unters Dach, stellt sie sorgsam ins Stroh, zündet sie an, greift zu Hut und Stock, schließt das Tor und geht über Feld.

Solche Art Leute, dachte ich, sind doch zuweilen recht unvorsichtig. Ich flog dem Manne ans Ohr und warnte ihn, nicht aus Mitleid, sondern bloß, um zu zeigen, daß er der Dümmere und ich der Gescheitere sei. Ich war nicht vorhanden für ihn. Es war klar. Durch die Konzentration meines Inneren unter Zurücklassung des Äußeren hatte ich die Fähigkeit zum Wechselverkehr mit der gewöhnlichen Menschheit verloren.

Ich schwirrte ins Nachbarhaus.

Und dies war das Wirtshaus. Am Haupttische tranken sich drei lustige Gesellen zu. Sie können wohl lachen. Sie haben in der Früh drei handfeste Meineide abgeliefert und bereits wieder drei neue in Akkord gekriegt. Am Tisch im Winkel saß ein bescheidener Wandersmann. Nachdem er langsam aber gründlich seine Mahlzeit beendigt, steht er auf, um zu zahlen. Er läßt sich auf ein falsches Fünfmarkstück herausgeben und entfernt sich mit einem herzlichen »Gottbefohlen«.

Auch ich machte, daß ich wegkam, und sah mal zu, was auf der Landstraße passierte.

54

Schlicht und sinnig, den Korb gefüllt mit den Produkten seiner Kunstfertigkeit, wandelt des Weges daher der Besen- und Rutenbinder. Wie's das Geschäft so mit sich bringt, denkt er viel nach über die Erziehung des Menschengeschlechts. Sein Blick ist zur Erde gerichtet. Infolgedessen hat er Gelegenheit, einen Gegenstand zu bemerken, den der flüchtige Beobachter vermutlich für nichts weiter angesprochen hätte als einen Roßapfel in gedrückten Verhältnissen. Doch der aufmerksame Naturfreund, gewohnt, stets scharf zu prüfen, was vorkommt, erkannte sofort sein eigentliches Wesen. Es ist ein braunledernes Portemonnaie. Er blickt umher, und da die Wetteraussichten ringsum günstig sind, hebt er's auf und läßt es sanft in das Rohr seines Stiefels gleiten.

»Da wird er nicht dümmer nach!« so sprach er bedeutsam im wohlwollenden Hinblick auf den der's verloren und in Erwägung der oft so heilsamen Folgen eines gehabten Verlustes. Und schon kommt der Dokter daher geritten, und zwar im Galopp. Er fragt, ob nichts gefunden sei.

»Nein, Herr!« entgegnet der Besenknüpfer mit überzeugender Mimik, und fort sprengt der Dokter mit ängstlicher Schnelligkeit.

So hatte der Weise einem seiner unerfahrenen Mitmenschen eine wertvolle Lehre gespendet, ohne ihn in die peinliche Lage zu bringen, sich bedanken zu müssen. Er konnte aber auch, nachdem er eine gute Tat verrichtet, zugleich mit dem angenehmen Bewußtsein nach Hause zurückkehren, daß dieselbe nicht unbelohnt geblieben, was sonst so selten ist; und daß er sich auch fernerhin ein enthaltsames Schweigen auferlegt haben wird, das darf man ihm bei seinen Fähigkeiten wohl zutraun. –

An der Gegend, über der ich schwebte, konnte ich nicht viel Rares finden. Doch auf die Gegend kommt's nicht an; denn, wie die Tante zu sagen pflegt:

»Wer nur das richtige Auge hat, kann überall einen ›reizenden Blick‹ haben.«

So ging's auch dem gebildeten Landwirt, der mir auf der Straße entgegenkam. Er hatte seine Kartoffeln besichtigt. Sie standen prachtvoll. Durch seine transparenten Ohren scheint die verklärende Abendsonne. Er ist glücklich.

»Oh, wie schön ist doch die Welt!« ruft er schwärmerisch.
»Oh, so schön! So schön! A a!«
Er hatte den Stellwagen nicht bemerkt, der hinter ihm her-
fuhr. Dieser fuhr ihm ein Bein ab.
Zum Glück war der Dokter, dem beim Anblick eines neuen
Patienten wieder Friede und Heiterkeit, die noch soeben ver-
mißten,' auf der denkenden Stirne glänzten, sofort zur Stelle,
um den nötigen Verband anzulegen.
Mittlerweile war es Nacht geworden. Im Dörfchen brannte
ein Haus ab.
»Aha!« rief ich beim Anblick der Flammen. »Unvorsichtigkeit
ist eine hervorragende Eigenschaft derjenigen Menschen, welche morgen genau wissen, was sie heute zu tun haben. Hehe!«

Fast hätte mich in diesem Augenblick eine alte Fledermaus
erschnappt und aufgefressen, weil sie mich wahrscheinlich für
eine kleinere Abart der Kleidermotte ansah; aber ich war
schneller als sie und flog in einen dichten Wald und legte mich
in das Näpfchen einer ausgefallenen Eichel; und hier, dacht
ich, kannst du, wenn auch nicht aus Bedürfnis, so doch aus
Prinzip, deiner nächtlichen Ruhe pflegen. Der Mond war auf-
gegangen und spiegelte sein fettes, glänzendes Gesicht in einem
Wassertümpel, den wilde Rosen umkränzten. Schon hatt ich
die Absicht, mich in die allergrößten Gedanken zu vertiefen,
da ging der Spektakel los.
Siebenundneunzig dumpftönende Unken, dreihundertvier-
undvierzig hellquarkende Wasserfrösche und zweitausend-
zweihundertundzweiundzwanzig hochzirpende Grillen ge-
brauchten ihre ausreichenden Stimmittel und emsigen Kunst-
gelenke zum Vortrage einer symphonischen Dichtung. Ein
hohler Weidenbaum mit seinen zwei unteren Seitenästen diri-
gierte. Sein künstlerischer Chignon wehte im Winde der Begeisterung. Die Sache war langwierig; aber schließlich ging
ihnen doch der Faden aus, und das bisher nur mit Mühe unter-
drückte Bedürfnis des Beifalls konnte sich Luft machen.
Entzückt und befriedigt raschelten die Rosen mit den Blättern
und dufteten sogar, was die wilden sonst kaum zu tun pflegen.

56

»Brravo!« quackten, wie aus einem Munde, fünf dicke grüne Laubfrösche. »Brravo! Geschmackvoll! Geschmackvoll!« Und sieben alte graue Käuze, die im Hinterteil einer morschen Erle ihre Logenplätze hatten, quiekten maßgebend über alle hinweg:

»Manjifiek! Manjifiek!«

Ich meinerseits, um doch auch ein hohes Verständnis zu zeigen, suchte mein schönstes falsches Pathos hervor und brüllte, wie laut oder wie leise, das weiß ich nicht mehr:

»Offenbaarrung! Musikalische Offenbaaarrrung!« –

Eduard schnarche nicht so!

ließ sich wieder mal die Stimme vernehmen. Kaum, daß ich danach hinhörte. Ich saß gemütlich in meinem Eichelnäpfchen, höchst sorglos versimpelt in den Gedankengang, der mir grad Spaß machte.

Müdigkeit, hatt ich bisher immer geglaubt, gäb's für mich nicht. Nun aber sollt ich so recht erfahren, welch unwiderstehlich wohltätige Wirkungen eine gute Musik hat. Schon nach fünf Minuten war ich in einen richtigen rücksichtslosen Schlummer versunken. –

Ich mußte wohl ausgiebig geschlafen haben, denn als ich erwachte und mir gewissermaßen die Augen rieb, stand die Sonne schon tief am westlichen Himmel.

In bummligem Fortschritt schwebt ich nun einer bedeutenden Stadt entgegen, deren hochragende Türme und hochrauchende Schornsteine ich gestern schon von weitem bemerkt hatte.

Eben kam der nachmittägliche Kurierzug über die Brücke dahergebraust.

Im ersten Coupee hatte ein gewiegter Geschäftsmann Platz genommen, der, nachdem er seine Angelegenheiten geregelt hatte, nun inkognito das Ausland zu bereisen gedachte.

Im zweiten Coupee saß ein gerötetes Hochzeitspärchen; im dritten noch eins.

Im vierten erzählten sich drei Weinreisende ihre bewährten Anekdoten; im fünften noch drei; im sechsten noch drei.

Sämtliche noch übrige Coupees waren voll besetzt von einer Kunstgenossenschaft von Taschendieben, die nach dem internationalen Musikfeste wollten.

Auf dem Bahndamme standen mehrere Personen. Ein Greis ohne Hoffnung, eine Frau ohne Hut, ein Spieler ohne Geld, zwei Liebende ohne Aussichten und zwei kleine Mädchen mit schlechten Zeugnissen.

Als der Zug vorüber war, kam der Bahnwärter und sammelte die Köpfe. Er hatte bereits einen hübschen Korb voll in seinem Häuschen stehn.

In den Anlagen der Handelsgärtnerei, die in der Nähe der Brücke lag, wandeln zwei Damen, Frau Präsidentin nebst Tochter. Letztere hatte sich Pflaumen gekauft. »Oh, Mama!« spricht sie beklommen. »Ich kriege so« –. »Pfui, Pauline!« unterbrach sie die zartfühlende Mutter. »Von so etwas spricht man nicht!« »Guten Morgen!« schnarrte des Gärtners zahmer Rabe dazwischen. »Oh, sieh mal, Mama!« rief die bereits wieder heitere Pauline. »Welch ein himmlischer Vogel! Bitte, gutes Pappchen, sprich doch noch mal!« »Drrreck!« schnarrte der Rabe. »Komm her, mein Kind!« sprach die indignierte Frau Präsidentin. »Jetzt wird er gemein!«

Hieran bemerkt ich so recht, daß ich mich nicht mehr im Bezirke der annähernd zwanglosen Gemütsäußerungen befand, sondern vielmehr in der Nähe einer feinen und hochgebildeten Metropole.

Mir entgegen aus dem Tore bewegte sich ein herrlicher Trauerzug. Im Sarge befand sich ein angesehener aber toter Bankier, beweint und begleitet von hoch und gering. Ich konnte deutlich bemerken, wie er aussah. Er lächelte so recht pfiffig und selbstzufrieden in sich hinein, als ob er sich amüsierte, daß er ein solch schönes Begräbnis weg hatte und ein so langes Gefolge und daß so viele geschmackvolle Kränze seinen Triumphwagen schmückten.

Das wäre was gewesen für Peter, meinen kleinen Neffen! Die Freude hätte ich ihm wohl gönnen mögen! Als vergangenen Herbst die alte Frau Amtmann zur letzten Ruhe bestattet wurde, rief er entzückt: »Ah! Was hat unsere selige Frau Amtmann für eine prachtvolle Kommode!« Wohnungsumzüge und Leichenzüge hält er für die zwei unterhaltlichsten Schaustellungen dieser Welt; und eine gewisse Ähnlichkeit zwischen beiden läßt sich ja auch nicht ableugnen, obwohl der ruhige Erfolg vielleicht mehr auf seiten der letzteren ist.

Ich flog weiter. Eine leichte heidnische Dunstwolke mit einem aromatischen Anhauch von Pomade und Knoblauch, die über der christlichen Stadt schwebte, umfing mich.

Auf Straßen und Promenaden flutet das bunte Publikum und ergießt sich in die hochragenden Speise- und Schenkpaläste, die fürstlich geschmückten, wo der altbewährte Grundsatz gilt: Lieber ein bissel zu gut gegessen, als wie zu erbärmlich getrunken.

Freilich, manch Ach und Krach, was anscheinend vielleicht stören könnte, ist auch in der Nähe; wer aber mal einen gesunden Appetit hat, den geniert es nicht viel, wenn er auch mal ein paar unglückliche Fliegen in der Suppe findet.

Das Geschäft steht in Blüte; der Israelit gleichfalls. Warum wollte er auch nicht? Seine Sandalenfüße, seine getreulich überlieferte Nase, die merklich abgewetzt wurde vom wehenden Wüstensande, dem die Väter einst vierzig Jahre lang entgegenmarschierten, geben ihm das Zeugnis einer schönen Beständigkeit. Mit Vorsicht wählt er die Kalle, und nimmt er sie mal, so pflegt er sie auch zu behalten, es sei wie's sei, und nicht, wie die andern, so häufig zu wechseln. Nüchtern geht er zu Bett, wenn die andern noch saufen; alert steht er auf, wenn die andern noch dösig sind. Schlau ist er, wie nur was, und wo's was zu verdienen gibt, da läßt er nicht aus, bis »die Seel' im Kasten springt«.

Daß man sich durch dergleichen bürgerliche Tugenden nicht viel beliebter macht als Ratten und Mäuse, ist allerdings selbstverständlich. Übrigens befand ich mich in diesem Augenblicke grade über dem Hause eines antisemitischen Bauunternehmers, und so witscht ich mal eben durchs Dach hinein.

Im vierten Stock legt ein Fräulein Hut und Handschuh ab. Sie hat Einkäufe gemacht, unter andern ein Glas voll Salpetersäure. Nicht ohne einen gewissen Zug von Entschlossenheit sieht sie dem Besuche ihres Verlobten entgegen. –

Eine kleine Betriebsstörung im Verkehr zweier Herzen kann immerhin vorkommen. –

Im dritten Stock öffnet sich hastig die Türe des Eßzimmers.

»Babett!« ruft eine weibliche Stimme. »Komm mit dem Wisch-
tuch! Mein Mann hat das Sauerkraut an die Wand geschmis-
sen!«

Ach, wie bald verläßt der Friede den häuslichen Herd, wenn
er an maßgebender Stelle keine kulinarischen Kenntnisse vor-
findet!

Im zweiten Stock – Madam sind ins Theater gefahren – führt
sich das Kindermädchen den Inhalt der Saugflasche zu. Das
Mädchen ist fett, der Säugling mager. Der Säugling schreit
auch. –

Allerdings! Die Säuglinge schreien mitunter. Aber, wie man
auch sonst über Säuglinge denken mag, so rechte Denunzian-
ten, gottlob, das sind sie noch nicht. –

Im ersten Stock, beim Scheine der Lampe, sitzt ein altes trau-
liches Ehepaar. Fast fünfzig sind's her, daß sie sich liebend
verbunden haben. Sie muß niesen. »War das eine Katze, die
da prustet?« fragt er. »War das ein Esel, der da fragt?« spricht
sie. –

So soll's sein! Wenn man auch früher verliebt war, das scha-
det nichts, wenn man nur später gemütlich wird. –

Im Erdgeschoß befinden sich Geschäftsräume. Bequem im Sessel ruht der Kassier. Er hat soeben unter Aufwand seiner vor-
züglichsten Geisteskräfte eine neue Art helldunkler Buchfüh-
rung erfunden, die genau so aussieht, als ob alles in Ordnung
wäre, und raucht nun zur Erholung eine echte Havanna.

Es poltert auf der Treppe.

Als ich das Haus verließ, sprang ein Herr aus der Tür, der
emsig wischte und spuckte.

Ich beschloß, das Theater zu besuchen. Ich kam am Gefängnis
vorbei. Unter gefälliger Nachhilfe dem schlichten Omnibus
entsteigend, wurde eben ein neuer Gast abgeliefert. Es ist der
Landbewohner von gestern, der seine Kerze so unvorsichtig
ins Stroh gestellt. Oder sollte ich mich doch am Ende in den
Absichten dieses Mannes – Unmöglich! Das konnt ich mir im
Traume nicht zumuten. –

Wie Ihr seht, meine Freunde! Als Inspekter bei der Brandkasse
hätten sie mich auch nicht gebrauchen können. –

Im Theater gab man ein frisch importiertes Stück, wo es grausam natürlich drin zuging. Als es zu Ende, traten mehrere

Dichter, die sich auch schon immer was vorgenommen hatten, ohne recht zu wissen wieso, voll entschiedener Klarheit auf die Straße heraus. »Nur immer natürlich, Kinder!« rief einer. »Ein natürliches Bauernmädel, und spränge es im Lehm herum bis an die Knie, dringt mehr zum Herzen und ist mir zehntausendmal lieber als elftausend einbalsamierte Prinzessinnen, die an Drähten tanzen!« Und dann stellten sie sich alle in einen Kreis und sangen, und ich sang mit: »Natur und nur Natuurrr!«
Eduard schnarche nicht so!
ließ sich sofort die Stimme vernehmen. »Schon recht!« dacht ich und hörte nicht weiter hin, sondern blieb bei dem, was ich mir vorgenommen hatte. –
Was nun aber das Kunstwerk betrifft, meine Lieben, so meine ich, es sei damit ungefähr so, wie mit dem Sauerkraut. Ein Kunstwerk, möcht ich sagen, müßte gekocht sein am Feuer der Natur, dann hingestellt in den Vorratsschrank der Erinnerung, dann dreimal aufgewärmt im goldenen Topfe der Phantasie, dann serviert von wohlgeformten Händen, und schließlich müßte es dankbar genossen werden mit gutem Appetit. –
Nachdem sich Freund Eduard dieser Meinung entledigt hatte, fuhr er fort in der Erzählung seines Traumes, wie folgt:
Unbefangen im Bewußtsein meiner, sozusagen, Nichtweiterbemerkbarkeit, huscht ich in einen schönen Salon hinein, welcher festlich gefüllt war. Und das muß ich gestehn, dieses flimmernde Flunkerwerk von Lächeln, Fädeln und Komplimentieren, nicht selten mit der Angel im Wurm, fand meinen ganzen verständnisvollen Beifall. –
Was ist doch der »alte Adam« für ein prächtiger Kerl! Er rackert sich ab, er hackt und gräbt und schabt und schindet, er schlägt sich und verträgt sich, jahrelang, generationenlang, je nach Glück und Geschick, hat er aber mal was auf die hohe Kante gelegt, hat er Geld und Zeit, flugs schruppt er sich und macht sich schmuck, daß man kaum noch sieht, was eigentlich dran ist. Und »Eva«? Wer weiß, was Grazie heißt, wem es jemals vergönnt war zu bemerken, mit welch zweckmäßiger Anmut sie die immerhin etwas verdächtigen Erbstücke einer paradiesischen Vergangenheit teils traulich zu umwölken, teils freundlich zu enthüllen, teils anheimelnd zu schmücken ver-

61

steht, dem wird es weder unerklärlich noch unverzeihlich erscheinen, daß ich, als der unerbittliche Morgen ans Fenster klopfte, nur mit Bedauern eine Kulturstätte verließ, wo mir's so wohl war, trotzdem mich doch niemand beachtet hatte.

Noch sind Markt und Gassen umschleiert von erfrischendem Nebeldunst. Doch schon, geweckt und angetrieben durch den gewinnverheißenden Handelsgeist oder durch einen vorsorglichen Hinblick auf den leider unvermeidlich bevorstehenden Tagesbedarf der häuslichen Wirtschaft, hat mancher sein nächtliches Lager verlassen, um auf dem Markte womöglich der erste zu sein. Ein freundlicher Kleinbürger, vermutlich ein Junggesell, hat sich bereits sein Päckchen Butter erstanden und tritt befriedigt die Heimkehr an. Doch prüft er noch einmal unter Zuhilfenahme des Zeigefingers. Der Erfolg ist schreckhaft. Das Auge starrt, der Mund steht geöffnet. Er eilt auf den Markt zurück. Er umhalst die ländliche Butterfrau. Er drückt ihr Haupt an seinen Busen. Und während er dies mit der Linken tut, schmiert ihr seine Rechte unter fortwährend mahlender Kreisbewegung die »gefüllte« Butterwälze in das ängstlich gerötete Angesicht. Die Frau kam mir bekannt vor. Der herbeigerufene Schutzmann knüpfte mit ihr ein näheres Verhältnis an.

Zu gleicher Zeit entstand vor einem in der Nähe liegenden geschmackvollen Rokokohause ein wehmütig klagendes Volksgetümmel. Meist Witwen und Waisen. Bankiersfirma. Geschäft geschlossen. Besitzer gestern begraben. Passiva bedeutend.

Doch die Sonne, den Nebel zerteilend, schien nun strahlend an den Tempel der Wissenschaft, dem mein nächster Besuch galt.

Ich sah sie, ich sah sie leibhaftig, die hohen Forscher, ich sah sie sitzen zwischen ihren Mikroskopen, Retorten und Meerschweinchen; ich erwog den Nutzen, den Vorschub, den berechtigten Stolz und alles, was ihnen die Menschheit sonst noch zu verdanken hat, und in gedrückter Ehrfurcht verließ ich die geheiligten Räume.

Aber ein Kritiker – denn Flöhe gibt's überall – sagte zu einem andern, mit dem er vorüberging: »Da drinnen hocken sie. Zahlen im Kopf, Bazillen im Herzen. Alles pulverisieren sie: Gott, Geist und Goethe. Und dann die Besengilde, die gelehrte, die den Kehricht zusammenfittchet vor den Hintertüren der Jahrtausende. – Siehst du das Fuhrwerk da? Siehst du den Ziegenbock, der jeden Morgen sein Wägelchen Milch in die Stadt zieht? Sieht er nicht so stolz aus, als ob er selber gemolken wäre?«

Ich flog ins Museum, in die Verpflegungsanstalt für bejahrte Gemälde, und als ich sie mit Verständnis besichtigt hatte, begab ich mich nebenan in die Bilderklinik, wo die Bresthaften geflickt und kuriert werden. »Restauriert und überlackiert!« so seufzte ein würdiger Kunstfreund. »Und wenn's gut geht, ein paar geistige Pinselhaare bleiben immer drauf kleben!«

Wie? dacht ich. Soll denn Tobias seinen alten Vater nicht salben, der blind ist? Soll denn eine liebende Enkelin ihre gute Großmutter nicht schminken, wenn sie runzlicht geworden? Und, für alle Fälle, was Neues gibt's auch noch. Wo hängt es? Im Kunstverein.

Witsch! war ich da. Der Anblick, der mir zuteil wurde, steht unauslöschlich in meiner Seele geschrieben. Alles mußt ich loben; das herbe Elend, wie es leibt und lebt; die anregenden Visionen der Mystik; ja beinah auch die anziehenden Gestalten der Frauenwelt, die so unbefangen dastanden, obgleich sie aus der Überschwemmung der Kleider nichts weiter als das nackte Leben gerettet hatten.

Jedoch leider traf ich auch hier wieder störende Leute, denen die Tätigkeit ihrer kunstfertigen Mitmenschen nicht recht war.

So ein ruppiger alter Junge schnüffelte an allen Bildern herum und suchte nach Zweideutigkeiten, um sich sittlich zu entrüsten. Man nannte ihn den »Mann mit der schmutzigen Brille«, weil er überall den Unrat wittert, den er mitbringt.

Und noch ein anderer war da mit einem Gesicht so boshaft wie das eines tausendjährigen Kolkraben, der im Reviere das entscheidende Wort führt. »Nichts als Quark!« krächzte er um sich blickend. »Malen kann jeder, geschickt sind viele, gescheit sind wenige, ein Mensch ist keiner. Gebt mir einen ganzen Menschen, ein komplettes Individuum, das sich aufs Malen verlegt, und so unerschöpflich im Finden, Formen und Färben, daß alles aus ist. Das ist's, was ich von der Kunst verlange!«

Was so ein Schlingel, dacht ich, nicht alles von der Kunst ver-

63

langt und noch mehr von seinem Schöpfer, denen er noch nie was geschenkt hat.

Zwei berühmte Künstler, die eben vorüberschritten, machten dem Kritikus zwei ergebenste Bücklinge; denn Furcht heißt die Verfasserin des Komplimentierbuchs für alle. Als sie unter sich waren, nannten sie ihn Schafskopf. –

Wie Ihr wohl bemerkt haben werdet, meine Freunde, war ich entrüstet, und komplett war ich auch nicht. Entrüstung ist ein erregter Zustand der Seele, der meist dann eintritt, wenn man erwischt wird. –

Mit der Politik gab ich mich nur so viel ab, als nötig, um zu wissen, was ungefähr los war. Vor wenigen Tagen war der größte Mann seines Volkes vom Bocke gestiegen und hatte die Zügel der Welt aus den Händen gelegt. Nun, hätte man meinen sollen, gäb's ein Gerassel und Kopfüberkopfunter. Doch nein! Jeder schimpfte und schacherte und scharwenzelte so weiter und spielte Skat und Klavier oder sein Los bei Kohn und leerte sein Schöppchen, genau wie vorher, und der große Allerweltskarren rollte die Straße entlang, ohne merklich zu knarren, als wäre er mit Talg geschmiert.

Die Welt ist wie Brei. Zieht man den Löffel heraus, und wär's der größte, gleich klappt die Geschichte wieder zusammen, als wenn gar nichts passiert wäre.

Während ich noch hierüber nachdachte, fiel mir plötzlich was ein. So viel Wunderbares und Herrliches mir nämlich bisher auch begegnet war, ein wahrhaft guter Mensch war mir nicht vorgekommen. Nicht, daß ich mich so recht herzlich danach gesehnt hätte; es war nur der Vollständigkeit wegen.

Wie ich munkeln hörte, sollte einer da und da, Hausnummer so und so, gleich draußen vor der Stadt leben; ein auffälliger Menschenfreund, dem der Besitz eine Last sei und das Verteilen ein Bedürfnis, und ich beeilte mich, ihm sofort einen heimlichen Besuch abzustatten.

Er hatte grad von der Heerstraße, die vor seiner Türe vorüberführte, fünf das Land durchstreifende Wanderer hereingeholt. »Brüder!« so sprach er mild. »Tut, als ob ihr zu Hause wärt. Wir wollen alle gleich viel haben!«

Die Fremden zeigten sich einverstanden. Man aß gemeinsam, man trank gemeinsam, man rauchte gemeinsam, und was die

Stiefel anlangt, so wurde freudig beschlossen, daß sie in der Früh gemeinsam geputzt werden sollten.

Da der Fall immerhin merkwürdig schien, beschloß ich, bis zum folgenden Tage zu bleiben.

Am nächsten Morgen versammelten sich die sechs Herren im gemeinsamen Frühstückszimmer, und als der Menschenfreund seine fünf Brüder ebenso propper gekleidet sah wie sich selbst, trat ihm eine Träne ins Auge, und jedem die Hand reichend, sprach er seine Freude darüber aus, daß nun jeder befriedigt sei.

Ein gewesener Maurerparlier fing an, sich zu räuspern. »Ja!« sprach er. »Das ist wohl so! Indessen, da du deinerseits, mein Bruder, nun so lange Zeit mehr gehabt hast als wir, wär's da nicht recht und billig, wenn wir unserseits nun auch mal ebenso lange Zeit mehr hätten als du?«

Der gerechte Menschenfreund, dem inzwischen noch eine zweite Träne ins Auge getreten, nickte ihm Beifall zu.

Demnach trank jeder seinen Mokka, ausgenommen der Menschenfreund, demnach nahm jeder seinen Kognak, ausgenommen der Menschenfreund, demnach rauchte jeder seine Havanna, ausgenommen der Menschenfreund, demnach putzte keiner die Stiefel, ausgenommen der Menschenfreund.

Als dieser nun seine fünf Brüder noch propperer dastehen sah als sich selber, trat ihm eine dritte Träne ins Auge, und jeden umarmend, drückt er jedem seine Freude darüber aus, daß endlich jeder befriedigt sei.

Hier fing der Maurerparlier wieder an sich zu räuspern und sagte, ja, das wäre wohl so, aber jetzt sollte er sich mal draußen unters Fenster stellen, und dann wollten sie ihm mal richtig auf den Kopf spucken und wollten mal zusehen, ob der Herr Bruder noch stolz sei.

Der Menschenfreund, dem inzwischen noch eine vierte Träne ins Auge getreten, zeigte sich abgeneigt.

Als das die fünf Brüder bemerkten und sahen, daß er sich sträuben wollte, faßte ihn einer hinten am Rockkragen und zog dran, bis die Ohren oben verschwanden, und ein anderer faßte ihn hinten am Hosenbund und zog dran, bis die Waden unten zum Vorschein kamen, und so führten sie ihn rings in der Stube herum und ließen ihn »stolz gehen«, wie sie es

65

nannten, und dann hielten sie ihn horizontal in der Schwebe und trugen ihn auf den Hausflur, und dann zählten sie eins, zwei, drei, indem sie ihn pendulieren ließen, und bei drei flog er zum Tore hinaus und tat einen günstigen Fall in warmen Spinat und erschreckte eine Kuh, die sich hier einen Augenblick verweilt hatte, und als er so dalag, rannen ihm die angesammelten vier Tränen auf einmal aus den Augen heraus, und schimpfen tat er auch. Daraus, daß er letzteres tat, sah ich nur zu deutlich, daß er doch kein recht guter Mensch war. –

Wer der Gerechtigkeit folgen will durch dick und dünn, muß lange Stiefel haben. Habt Ihr welche? Habe ich welche? Ach, meine Lieben! Lasset uns mit den Köpfen schütteln! –

In meinem Traume aber hatte ich die Hoffnung, einen guten Menschen zu finden, noch nicht aufgegeben. Ich folgte auf gut Glück einem Kollektanten, der mit seiner Sammelliste in eine nahe gelegene Villa ging.

Der nicht unbeleibte Besitzer derselben gab eine Mark für die äußere Mission und fünfzig Pfennige für die innere. Nachdem er dies getan und der Kollektant sich entfernt hatte, verfiel er in Schwermut. »Ich bin zu gut! Ich bin viel zu gut!« rief er seufzend und war ganz gerührt über sich selber wegen seiner fast strafbaren Herzensgüte.

Ich war befriedigt. Ich hatte sogar einen mehr als guten Menschen gesehn.

Erleichtert, sozusagen, flog ich nach dem Nymphengarten, wo vor versammelten Zuschauern ein Ballon in die Lüfte stieg.

Der großartige Anblick brachte plötzlich einen kleinen Plan in mir zur Reife, den ich längst schon gehegt hatte. Ich wollte doch eben mal nachsehn, ob die Welt eigentlich ein Ende hätte oder nicht.

Pfeilschnell stieg ich auf und befand mich sogleich in unmittelbarer Nähe des Ballons. Wir schwebten über der Stadt. Den Fallschirm in kundigen Händen, sprang der Luftschiffer aus der Gondel. Der Schirm versagte; und der kühne Aeronaut, soeben noch schnell nach oben strebend, strebt nun noch schneller nach unten mit einer zunehmenden Geschwindigkeit, die er kaum selber zu ermessen vermag. Er setzt sich auf

66

den spitzigen Blitzableiter der Synagoge. Er zappelt unwillig mit Händen und Füßen, denn er war Antisemit. Dann ließ er nach und gab sich zufrieden. –

Ja, meine Lieben! Im ersten Augenblicke ist einem manches nicht angenehm, aber mit der Zeit gewöhnt man sich an alles. Ach ja! – Nicht lange, so hatt ich ihn und seinen Luftball, ja sogar den atmosphärischen Dunstkreis unseres Erdballes weit hinter mir.

Es sauste bereits ein Komet an mir vorüber, jedoch so eilig, daß ich nur konstatieren konnte, es war eine runde, hohle, durchscheinende Kuppel von Milchglas, die ein Loch hatte, aus dem geräuschvoll ein leuchtendes Gas entströmte, welches nach hinten den Schweif, nach vorne, vermutlich durch Rückstoß, die rapide Bewegung dieses merkwürdigen Sternes erzeugte.

Wenige Sekunden später passiert ich den Tierkreis.

Die hübsche »Jungfrau« mit den gesunden »Zwillingen«, auf jedem Arm einen, schielte zärtlich nach dem »Schützen« hinüber, einem schmucken, blonden, krausköpfigen Burschen, dessen Flügel schön bunt, dessen Köcher, Bogen und Pfeile von Gold sind.

Nicht weit davon in seiner Butike saß der schlaue krummnasige »Wassermann« – Juden gibt's doch allerwärts! – und regulierte die »Waage« zu seinen Gunsten.

Nun aber tat ich einen Satz, den ich mir selber, und das will was heißen, kaum zugetraut hätte. Der Aufschwung, den ich mir gegeben, war dermaßen kräftig, daß ich nicht bloß die äußere Kruste der Welt durchstieß, sondern auch noch eine erkleckliche Strecke weit hinausflog in den leeren unermeßlichen Raum. Hier stand ich still, drehte mich um und verschnaufte mich. Durch die gemachte Anstrengung war ich weißglühend geworden. Und nun kam der erhabenste Augenblick meines Lebens.

Von meinem Ich allein, von einem einzigen Punkte aus, durch die unendliche Nacht, warf ich einen elektrisch leuchtenden Strahlenkegel auf die Weltkugel, die in ziemlicher Entfernung mir grad gegenüber lag. Sie hatte wirklich ein Ende und sah von weitem aus wie ein nicht unbedeutender Knödel, durchspickt mit Semmelbrocken.

67

Tief versunken in das überwältigende Schauspiel, hatt ich fast nicht beachtet, daß ich anfing mich abzukühlen. Mein Licht brannte matter. Die Aussicht, im nächsten Augenblicke ganz allein in der leeren Dunkelheit zu sitzen, wo es obendrein kalt wurde, erschreckte mich doch. Es war die höchste Zeit.

So schnell ich nur konnte, eilt ich der Welt wieder zu und fand auch glücklich das Loch wieder, wo ich herausgekommen. Ich bohrte tiefer und tiefer; aber noch geblendet von meinem eigenen Lichte von vorhin, kam mir alles so dunkel vor. Ich tappte hierhin und dahin. Endlich fühlte ich was Rauhes. Es war der Schwanz des »Kleinen Bären«. Sofort orientierte ich mich, rutschte ein gutes Stück weit an der Himmelsachse hinunter und sprang dann, sobald unser kleines Erdel in Sicht kam, nach seitwärts in der Richtung der gemäßigten Zone hinab.

Die geographische Lage des Ortes, wo ich mich niederließ, war mir ganz und gar unbekannt. Ich weiß nur, daß ich auf der linken Hand eines jungen Mädchens saß, welches mich scharf fixierte, während es mit der Rechten zu einem Klapse ausholte, der mich sicher zermatscht hätte, wie eine Stechmücke, wär ich nicht schnell auf und davon gewitscht.

So war ich denn zum erstenmal auf meiner Reise unter Menschen geraten, welche scharfsinnig genug waren, mich trotz meiner Wenigkeit zu bemerken.

Um zu probieren, ob ich auch verstanden wurde, näherte ich mich einem Schäfer, der, unter einem schattigen Baume liegend, sein Vesperbrot verzehrte, bestehend aus einer Flasche Rotwein nebst drei gebratenen Tauben.

Ohne irgendwelches Erstaunen, ohne seine Tätigkeit im geringsten zu unterbrechen, nickte er mir auf meinen Gruß: Prostemahlzeit! sein gemütsruhiges: Danke! zu.

Während er nach Erledigung der Flasche seine dritte Taube entknöchelte, sagt ich zu ihm:

»Ihr lebt hier, scheint's, im Reiche der Behaglichkeit, guter Freund!«

»Mag wohl sein!« gab er schon halb träumend zur Antwort.

68

Dann mümmelte er noch ein Weilchen so hin an dem letzten Taubenflügel, der ihm halb aus dem Munde stand, und verfiel in einen dermaßen erquicklichen Schlummer, daß es weithin vernehmlich war.

Eduard schnarche nicht so!

ließ sich wieder die Stimme verlauten.

Wieso? dacht ich und flog wohlgemut weiter, um über Sitten und Bräuche des Landes meine näheren Erkundigungen einzuziehn.

Durch das einmütige Zusammenwirken sämtlicher Forscher auf sämtlichen Gebieten der Wissenschaft war hier in der Tat ein solch angenehmes Kommunalwesen zustande gekommen, daß selbst ein im Hergebrachten verhärteter Kopf hätte zugeben müssen, es sei mehr, als er jemals für möglich gehalten. Gewöhnliches Mehl, soviel man brauchte, wurde einfach aus Sägespänen gemacht, das feinere für die Konditer auf etwas weitläufigerem Wege aus Bettstroh und Seegrasmatratzen. Zucker hatte man gelernt ohne weiteres herzustellen, ohne auch nur einer einzigen Rübe ein gutes Wort geben zu müssen. Aber das Wichtigste war, daß man keine Kohlen mehr nötig hatte. Vermittelst sinnreicher Brennglasapparate sammelte man während der guten Jahreszeit nicht bloß so viel Sonnenwärme, als zum Betriebe aller Maschinen, Öfen, Lampen, Töpfe und Wärmflaschen des Landes erforderlich war, sondern auch zu bloßen Belustigungszwecken noch immer was drüber. Daß dadurch den Leuten hier die Einrichtung einer bequemen bürgerlichen Gemeinschaft bedeutend erleichtert wurde, war überall ersichtlich. Man tut gleich wenig und hat gleich viel. Nur der, welcher grad Dünger fährt, kriegt einen Schnaps extra. Mit dem fünfunddreißigsten Jahre zieht man auf die Leibzucht. Stehlen hat keiner mehr nötig; höchstens wird von kleinen Knaben noch mal hin und wieder eine Zigarre stibitzt. Man betrachtet dergleichen als angeborenen Schwachsinn, wo der Betreffende im Grunde nichts für kann, und bringt ihn deshalb in die Anstalt für Staatstrottel zu den übrigen. Auch andere Krankheiten gibt's wohl noch, doch hat man Mittel gefunden, daß keine mehr weh tut, und was das Faulfieber betrifft, welches, besonders in den wärmeren Monaten, nicht eben sehr selten ist, so kuriert man es nach und nach durch

Wohlwollen und nachsichtige Behandlung. Man muß nur Geduld haben.

Der Tod ist freilich auch hierzulande nicht ausgeschlossen; nur ist man viel zu aufgeklärt und besitzt im Hinblick auf die Höhe der eigenen Leistungen ein viel zu edles Selbstgefühl, um sich der Befürchtung hinzugeben, es könne hernach am Ende doch etwas passieren, woran niemand eine rechte Freude hat.

So weit wäre ja alles recht schön! dacht ich. Aber wie sah's aus mit der Neidhammelei der Dummen gegen die Gescheiten und der Garstigen gegen die Wohlgeformten, besonders bei den Herren? Wie, vor allen Dingen, verhielt es sich mit der Strebsamkeit der Liebe, so daß der Zappermentshansel immer oben drauf sein möchte im Herzen der Grete und es partout nicht leiden will, daß sie den Malefizjochen noch lieber hat als ihn? »Jah!« sagte mir ein phlegmatischer Leibzüchter. »War schlimm! Früher auch viel Last gehabt damit. Jetzt vorbei. Schon längst die Kon–kurrr–renz–drrrüüse –«

Eduard schnarche nicht so!

rief die Stimme. Ich hörte aber nicht hin danach.

»– die Konkurrenzdrüse entdeckt!« fuhr der Leibzüchter fort; und dann beschrieb er das Weitere. Sie sitzt hinter dem einen Ohre, tief in der Gehirnkapsel. Ausbohrung obligatorisch. Erfolg durchschlagend.

Er hatte recht. Mit dem Gedrängel und der Haßpasserei war's aus daselbst. Man gönnte jedem seine Schönheit und seine Gescheitheit und seine Frau auch, sie mochte so verlockend sein, wie sie wollte, und ob die Grete den Hans kriegte oder den Jochen, oder den alten Nepomuk, das war ihr und überhaupt jedem egal.

So lebten denn da herum die Leute in einer solch wöhnlichen und wohldurchdachten Gemeinschaft, daß sie unsern Herrgott und seine zehn Gebote nicht mehr nötig hatten.

Nur eins war schade. Das Lachen hatte aufgehört. Zwar hat man Lachklubs und Lachkränzchen für jung und alt; man läßt sich den dümmsten Stoffel und die garstigste Trine aus dem Spital kommen und besichtigt sie von allen Seiten; man lacht, aber es geht nicht so recht. Es ist ein heiseres, hölzernes, heuchlerisches Lachen.

70

Und natürlich, meine Lieben! Jenes selige Gefühl, wobei das ganze Gesicht glanzstrahlend aus dem Leime geht; jenes wonnige Bewußtsein, daß wir wen vor uns haben, der noch dümmer oder häßlicher ist als wir selber; diese aufrichtige Freude an der Bestätigung unserer überwiegenden Konkurrenzfähigkeit, deren lauten oder leisen Ausdruck wir Lachen oder Schmunzeln nennen, konnte unter derartig geregelten Verhältnissen nicht mehr vorkommen. Daß sich aber dagegen eine gewisse sanfte Eintönigkeit herbeischleichen würde, deren Wert man nur selten zu schätzen weiß, das ließ sich wohl annehmen.

Und so war's. Sie hatten gemütliche Parkanlagen; aber an jedem Baum hing wer. Die Eingeborenen freilich spazierten herum dazwischen und hatten nichts weiter dabei. Ich konnte mich aber nicht recht daran gewöhnen.

Es war eine größere Insel, auf der ich mich befand. Ich flog übers Meer.

Unterwegs, als ich bei einer ganz kleinen Insel vorüberkam, sah ich mehrere antike Sirenen auf ihren Nestern sitzen. Ihre Gesichter waren faltig, wie dem Großvater sein lederner Tobaksbeutel, und Stimme hatten sie auch nicht mehr, sondern schnatterten wie die Gänse. Da sie nicht länger, weder durch Gesang noch durch Händewinken und Augenzwinkern, den Schiffer bezaubern konnten, versuchten sie's vermittelst goldener Eier, die sie selber gelegt hatten, und als ich mich auf nichts einließ, schmissen sie damit, und ich merkte wohl an einem, welches dicht an mir vorbeiflog, daß sie nicht echt waren, und freute mich, daß mich keins traf, wegen meiner Geringfügigkeit, und so erreicht ich wohlbehalten das Festland, ohne vergüldet zu werden.

Zunächst besucht ich, um endlich mal zu erfahren, was eine Sache ist, abgesehen davon, wie sie uns vorkommt, einen weitberühmten Naturphilosophen, der mir zu diesem Zwecke besonders empfohlen war.

71

Derselbe begrüßte mich unter der Haustür und führte mich, als er gehört, was ich wollte, sogleich mit überlegener Höflichkeit in sein geräumiges Arbeitszimmer.

Er trug ein rotes Samtkäppchen mit grüner Hahnenfeder, einen Schlafrock von Maulwurfsfellen, eine hirschlederne Hose und spitze Pantoffeln von Krokodilshaut. Seine Nase glich der Mohrrübe, sein Auge der Walnuß, sein Mund der Sparbüchse, sein Bart den Fischgräten, und auf dem Kinn hatte er eine Warze sitzen, die aussah wie ein vollgesogener Zeck.

Obgleich sein Benehmen durchaus ernsthaft erschien, war mir's doch, als müßte sich unter der Haut seines ehrwürdigen Gesichtes ein verschmitztes Lächeln verbergen; ein Argwohn, der zusehends verschwand, als ich die wundersamen Gegenstände bemerkte, welche dieser außerordentliche Mann nicht bloß zu sammeln gewußt, sondern auch auf das liebenswürdigbereitwilligste zu zeigen geruhte.

Auf Tischen, Stühlen, Schränken standen und lagen durcheinander Bücher, Präparate in Spiritus, ausgestopfte Vögel, Automaten und sonstige Schosen.

Drei Papageien, die stets wiederholten, was der Meister gesagt hatte, schaukelten sich auf einer schwebenden Stange.

»Vorerst, mein Wertester«, so begann er, »betrachtet Euch gefälligst dies automatische Kunstwerk!«

Knarrend zog er es auf. Es war ein Fischreiher, in einer Schale voll Wasser stehend, worin sich ein Aal befand. Der Reiher bückte sich, erfaßte den Aal, hob ihn die Höhe, verschluckte ihn und stand dann, gleichsam befriedigt, in Gedanken. Aber bereits im nächsten Augenblicke schlüpfte der geschmeidige Fisch wieder hinten heraus. Wieder mit unfehlbarer Sicherheit ergriff ihn der langgeschnäbelte Vogel, ließ ihn hinuntergleiten und wartete sinnend den Erfolg ab, und wieder kam der Schlangenfisch am angeführten Orte zum Vorschein, um nochmals verschlungen zu werden, und so ging's fort und fort.

»Dies«, erklärte der Meister, »ist der ›Kreislauf der Dinge‹!« Darauf nahm er ein unscheinbares Gerät vom Schranke. Es war eine kleine Wehmühle. Er blies den Staub davon, hielt sie mir vor und sprach bedeutungsvoll:

»Hier, mein Geschätzter, seht Ihr das ›Ding an sich‹, das vielberufene, welches vor mir noch niemand erkannt hat.«

Er drückte auf einen Knopf. Die Mühle fing langsam zu fächeln an. Ein ungemein wohliges Gefühl überkam mich, als würd ich von zarten Händen so recht sanft hinter den Ohren gekraut.

Er drückte zum zweiten Male auf den Knopf. Nur das feinste Diner kann der Zunge ein solches Wohlgefallen bereiten, wie es mir jetzt zuteil wurde.

Er drückte zum dritten Male. Nun kam der Geruchsinn an die Reihe. Erschrocken blickt ich den Meister an. Doch nicht der leiseste Zug einer verdächtigen Heiterkeit störte den Ausdruck seines ehrbaren Gesichtes.

Schon berührte er den Knopf zum vierten Male. Ein prachtvoller Parademarsch erklang.

Er drückte zum fünften Mal. Ein Feuerwerk sprühte auf, so herrlich, daß es sich der Prinz an seinem Geburtstage nicht schöner hätte wünschen können.

»So ist denn«, sprach er erklärend, »alles das, was zwischen uns und den Dingen an sich passiert, nichts weiter als eine Bewegung, bald schneller, bald langsamer, in einer Ätheroder Luftschicht, die bald dicker, bald dünner ist.«

»Auch die Gedanken?« fragt ich.

»Auch sie!« erwiderte der Meister. »Wir werden gleich sehen!«

Er stellte die Wehmühle weg und kriegte eine Windmühle her. Sie war nach dem gleichen System gearbeitet wie diejenigen, welche man in die Wipfel der Kirschbäume stellt, um die Spatzen zu verscheuchen, nur war sie viel kleiner und hatte Flügel von Papier. Indem er mir dieselbe entgegenhielt, rief er ermunternd:

»Wohlan, mein Bester! Jetzt denkt mal drauf los!«

Ich nahm mich zusammen und dachte, was ich nur konnte, und je eifriger ich dachte, je eifriger drehten sich die Papierflügel der Mühle, und klappern tat sie, daß es selbst ein erfahrener alter Sperling nicht gewagt hätte, in ihre Nähe zu kommen.

»Je mehr Wind, je mehr Lärm!« sprach der Gelehrte erläuternd.

»Und Lust und Leid des Herzens«, forschte ich weiter, »sind die gleichfalls Bewegung?«

73

»Gewiß!« erhielt ich zur Antwort. »Nur schraubenförmig!«
Damit nahm er vom Gesimse ein zierliches Gestell, worin horizontal ein Pfropfenzieher lag, den man vermittelst einer Kurbel in drehende Bewegung setzen konnte.
»Nur zu!« rief ich erwartungsvoll.
Er schloß das linke Auge und fixierte mich blinzelnd mit dem rechten.
»So geht es noch nicht!« sprach er zögernd. »Denn wie ich bemerke, mein Lieber, ist Eure Konstitution etwas anders beschaffen, als wie es sonst üblich ist. Darum bitt ich, zuvörderst hier Platz zu nehmen in dem Sessel der höheren Empfindsamkeit!«
Dies war ein ungemein weich gepolsterter Lehnstuhl. Ich ließ mich darauf nieder. Der Meister näherte sich mit der Schraube und fing an vorwärts zu drehen.
Ein unsagbar peinliches Gefühl durchbohrte mein innerstes Wesen. Ich hätte laut aufschreien mögen. Es war, als wäre meine alte Großtante gestorben.
»Der Schmerz ist positiv!« sprach der Meister gelassen.
Und nun drehte er rückwärts. Der Schmerz ließ nach. Es durchströmte mich, wie ein großes unerwartetes Glück. Es war, als hätte mir die Selige eine halbe Million vermacht.
»Die Freude ist negativ!« erklärte der Meister, indem er die Seelenschraube wieder an ihren Platz stellte.
Um die Geduld des freundlichen Gelehrten nicht übermäßig in Anspruch zu nehmen, hielt ich es jetzt für angemessen, mich bestens zu empfehlen.
»Noch eins!« sprach er und führte mich an seinen Schreibtisch.

In einem großen Glase voll Spiritus saß ein wunderliches Geschöpf, welches die größte Ähnlichkeit hatte mit einem überreifen Kürbis, woran unten, scheinbar als Gliedmaßen, ein paar kümmerliche Ranken hingen.
»Dies«, so demonstrierte der Meister, »ist der Mensch von vor tausend Millionen Jahren, ehe er herabsank zum verächtlichen Lanzettierchen, von welch letzterem wir uns wenigstens in der Gegenwart so weit wieder aufgerappelt haben, daß wir hoffen dürfen, auch in der Zukunft noch mal wieder etwas Rechtes zu werden.«

»Schön ist er nicht!« meint ich enttäuscht.

»Aber schlau!« fiel mir der Forscher ins Wort. »Ich hab ihm den Kopf visitiert. Die zweifelhafte Unterscheidung zwischen hier und dort, zwischen heute und übermorgen, die uns jetzt so viele Verlegenheiten bereitet, gab's damals nicht; die Frage, ob zwei mal zwei vier sei, oder sonst was, ließ man unentschieden; und was die Grundsätze der Geometrie betrifft, so kann ich wenigstens so viel mit Bestimmtheit versichern, daß zu jenen Zeiten die krümmste Linie der kürzeste Weg zwischen zwei Punkten war.«

Hier machte der Naturphilosoph eine Pause, die mir Zeit ließ, ihm meine Bewunderung auszudrücken und zugleich noch ein weiteres Problem zu berühren.

»Hochverehrtester!« hub ich an. »Darf ich mir zum Schluß noch eine kleine Anfrage gestatten?«

Er nickte verbindlich.

»Wie«, fragt ich, »steht es mit der Ethik? Was muß der Mensch tun, daß es ihm schließlich und ein für allemal gut geht?«

Ohne sich lange zu besinnen, öffnete der Weise eine Schublade, nahm eine Flöte heraus, schrob sie auf seine Nase, kniff den Mund zu, blies die Backen auf und fing an zu fingern und zu trillern und zu quinquilieren, wie ein gut geschulter Kanarienvogel, der auf der Geflügelausstellung den ersten Preis gekriegt hat.

Als er hiermit aufgehört, fragte er kurz:

»Verstanden? Überzeugt?«

»Nicht so ganz!« gab ich verlegen zur Antwort.

Nun begann er aufs neue, indem er abwechselnd sang und flötete und dabei den Kopf gar gefällig von einer Seite zur andern wiegte:

> »Wer nicht auf gute Gründe hört,
> > trideldi!
> Dem werde einfach zugekehrt
> > trideldi!
> Die Seite, welche wir benützen,
> Um drauf zu liegen und zu sitzen.
> > triddellitt!«

Hiermit brach er kurz ab, legte die Flöte beiseite, drehte sich um, wickelte sich stramm in seinen Schlafrock, nahm eine gebückte Stellung an, krähte wie ein alter Cochinchinagockel und verschwand im Hinterstübchen.

Die Papageien krähten gleichfalls. Einen Augenblick stand ich starr. Dann entfernt ich mich mit fabelhafter Geschwindigkeit.

Links vor mir lag ein anmutiges Tal, durchschnitten von einer breiten, musterhaft angelegten Chaussee, an deren Seiten die köstlichsten Obstbäume standen; rechts aber erhob sich, allmählich ansteigend, das Gebirge, immer höher und höher, bis es zuletzt fern oben in den Wolken verschwand.

Zu Fuß, zu Roß, zu Wagen bewegte sich eine Menge fröhlich erhitzter Menschenkinder den breiten Weg entlang, als ob irgendwo etwas Besonderes los wäre; alle in der nämlichen Richtung. Nur einer kam zurückgelaufen. Er sah lumpig, geschunden und verstört aus, sprang über den Graben und rannte querfeldein, wie besessen, ohne sich umzusehn. »Der Franzel ist närrisch geworden!« sagten die Leute so beiläufig und zogen lachend vorüber.

Bald bemerkt ich, wo sie hin wollten.

Ungefähr da, wo der breite Weg, dem felsigen Walde sich nähernd, in einen dunkelen Tunnel verlief, stand das Wirtshaus »Zum lustigen Hinterfuß«, ein altes, geräumiges, neu wieder aufgeputztes Gebäude und allgemein beliebt als Vergnügungsort schon seit undenklichen Zeiten.

Der Wirt, im übrigen ein jovialer Mann, zog das eine Bein etwas nach. Er hatte mal in seiner Jugend, so wurde gemunkelt, bei einer Schlägerei, die nicht günstig für ihn ablief, einen ekligen Fall getan.

Seine sieben reizenden Töchter, die man scherzweise die »sieben Todsünden« zu nennen pflegte und die dem väterlichen Geschäfte natürlich sehr förderlich waren, begrüßten mit Kußhänden vom hohen Balkon herab die ankommenden Gäste.

Unten aber, aus einem Fenster des Erdgeschosses, wo sich die Küche befand, streckte eine verwitterte Hexe, die uralte

Großmutter des Wirts, ihren spähenden Kopf hervor. Sie war die Köchin des Hotels, und ihre Nase war schwarz von Ofenruß.

Obgleich sich in den Gesellschaftsräumen des gastlichen Hauses eine etwas drückende Schwüle bemerklich machte, herrschte doch durchgehends unter jung und alt und hoch und niedrig die ungezwungenste Heiterkeit. Besonders abends, nachdem bei festlicher Beleuchtung Musik und Tanz begonnen, ging es so lustig zu, daß vom »Heimgehn« nicht gern wer was hören wollte, und als dennoch einer sich erhob und auf etwas Derartiges anspielte, riefen einige: Maul halten! und raus mit ihm! aber die meisten hörten gar nicht hin, sondern taten genauso, als ob dies einer wäre, der nicht da ist.

Unter den anwesenden Gästen erkannte ich verschiedene Personen, die mir während meiner Reise schon mal vorgekommen waren, z. B. den optimistischen Landwirt, der unter den Stellwagen geriet. Er wurde glücklich geheilt. Das Bein war krumm geblieben. Doch bekam er, wie er triumphierend erzählte, im Spätherbst die dicksten Kartoffeln.

Wie es im Traume zu geschehen pflegt, empfand ich über diese Begegnungen nicht das mindeste Erstaunen. Nur eins machte mich stutzig. Nämlich der viel zu gute Mensch, dessen Vorhandensein mich damals so ausnehmend befriedigt hatte, daß der auch mit mir hier war und sogar mit einer von den Töchtern des Wirtes in einer lauschigen Nische Champagner trank, das konnt ich nicht klein kriegen.

Nachdenklich und erhitzt flog ich zum Dach hinaus, um mich in der Nachtluft etwas abzukühlen, und setzte mich auf die Wetterfahne, und wie sie sich drehte, ging es immer: Züh, knarrr! Züh, knarrr!

Eduard schnarche nicht so!!

ließ sich wieder mal die bewußte Stimme vernehmen. »Schon recht!« dacht ich und fuhr Karussell auf der wirbelnden Fahne, daß es noch viel ärger knarrte als zuvor.

Von hier bemerkte ich etwas immerhin Auffälliges.

Es mochte so um Mitternacht sein, als ein eigentümlicher Hotelomnibus an der Hintertür vorfuhr. Er war schwarz angestrichen und hatte silberne Beschläge. Er war nicht zum Sitzen eingerichtet, sondern zum Liegen. Er wurde nicht hin-

77

ten aufgemacht, sondern oben. Er holte keine Gäste her, sondern brachte nur welche weg. Einige derselben, die »abgefallen« waren, wurden von den Hausknechten herbeigetragen und hineingelegt. Der Kutscher, mit schwarzem Hut und schwarzem Mantel, sah recht vergnügt aus, obgleich er so blaß und mager war wie ein Hungerapostel. Er rief seinen gleichfalls mageren Rappen ein hohl klingendes Hü! zu, und langsam bewegte sich das Fuhrwerk in den »Tunnel« hinein.
Inzwischen nahm das Tanzvergnügen seinen ungestörten Fortgang.

Morgens früh, sobald es anfing zu dämmern, begab ich mich ein paar Meilen zurück und suchte den Fußweg auf, welcher, rechts neben der Chaussee allmählich im Walde aufsteigend, nach der »Bergstadt« führte, von der ich so viel Rühmliches und Wunderbares gehört hatte, daß ich den Entschluß faßte, sie aufzusuchen.
Ich gesellte mich zu vier munteren Wanderburschen, die auch schon dahin unterwegs waren. Sie sahen sehr unternehmend aus und hatten ein großes Wort und sagten, da wollten sie bis Mittag schon droben sein, noch ehe der Löffel ins Warme ginge. Sie erzählten mir auch gleich, wie sie hießen und wo sie her wären und was sie für ein Metier hatten.
Es waren vier »gute Vorsätze«.
Sie stammten aus einer fetten Gegend, aus Hinnum bei Herrum, wo man die guten Schmalzkücheln backt und die Kirchweih acht Tage dauert.
Der eine hieß Willich, der andere hieß Wolltich, der dritte hieß Wennaber und der vierte hieß Wohlgemut.
Willich hatte eine rote Nase, Wolltich ein rundes Bäuchlein, Wennaber eine schwarze Hornbrille, und wie verdammt hübsch der Wohlgemut aussah, das wußte er schon selber.
Natürlich fragten sie jetzt auch nach meinen Verhältnissen, worauf ich erwiderte: »Ich bin aus leer, und denke sehr und weiß noch mehr, wie ich aber heiße, das sag ich Euch nicht.«
»Dann soll er Spirrlifix heißen!« rief der neckische Wohlgemut.

Und darüber lachten die drei andern, daß dem Willich die Nase blau wurde, dem Wolltich drei Knöpfe aus der Weste sprangen und dem Wennaber die Brille anlief vor Freudentränen.

Ich war nicht erbaut von solchen Späßen. Ich schwang mich nach oben und schwebte mindestens drei Meter hoch über der Gesellschaft.

Unter lebhaften Gesprächen marschierten sie bergan.

Mittlerweile stieg die Sonne auch höher und schien schon recht warm durch die Bäume. Wolltich der Dicke zog seine Joppe aus und hing sie an den Stock; Wohlgemut fing an zu flöten.

»Jungens, rennt nicht so!« sagte Willich. »Ich habe mir am linken Hacken eine Blase gelaufen!«

»Wenn wir nur kein Gewitter kriegen!« meinte der bedenkliche Wennaber.

Unter etwas weniger belebten Gesprächen marschierten sie bergan. Inzwischen stieg die Sonne noch höher und schien brühwarm durch die Bäume.

Willich blieb stehn.

»Was meint Ihr zu dieser?« sprach er lächelnd und zog eine bedeutende Flasche hervor.

Wolltich blieb auch stehen.

»Was meint ihr zu der?« sprach er schmunzelnd und zog eine noch bedeutendere Wurst aus dem Ranzen.

Wennaber blieb gleichfalls stehen.

»Wenn wir nur nicht« – fing er zögernd an, aber Wohlgemut, der ebenfalls stehengeblieben, schnitt ihm das Wort ab und rief freudig: »Heraus mit der Klinge!« und klappte unternehmend sein Taschenmesser auf.

Dann suchten sie sich ein kühles Plätzchen, breiteten ihre Schnupftücher auf den Rasen und servierten das Frühstück.

Ich setzte mich auf einen dürren Ast und sah zu.

»Spirrlifix, komm runter!« rief mir der gutmütige Wolltich zu und zeigte die Wurst her, und Willich schwenkte die Flasche.

Ich dankte. Ich war erhaben über dergleichen.

»Wer nichts mag, ist der Beste!« scherzte Wohlgemut, und das brachte Wolltich ins Lachen, und dann kriegte dieser einen Hustenschauer, und der ängstliche Wennaber klopfte ihm den Rücken, daß er nur wieder zu Atem kam.

79

Und nun langten sie zu und zeigten, was sie konnten, und daß sie tatkräftige Leute waren, wenn's ernstlich drauf ankam.

Willich ließ den Wein leben, Wohlgemut die Weiber und Wennaber fing an: »Es lebe die Weis« – – aber ehe er ausgesprochen, schrie Wolltich: »Es lebe die Wurst!«

Darauf, als sie sich ausreichend erquickt hatten, marschierten sie unter den lebhaftesten Gesprächen wieder bergan.

Inzwischen stieg die Sonne so hoch, wie sie nur konnte. Fast perpendikulär von oben blickte sie durchdringend auf die Schädel der Wanderer. Das Gespräch stockte. Die Schritte erlahmten.

Zuerst blieb Willich zurück. Rechts vom Wege stand ein dicker Baum. Hinter diesen setzte sich Willich, zog seinen linken Schuh aus und rieb sich überhaupt mit Hirschtalg ein.

Dann blieb Wolltich zurück. Rechts vom Wege stand noch ein dicker Baum. Hinter diesen setzte sich Wolltich.

Wennaber und Wohlgemut, welche nichts davon gemerkt hatten, marschierten schweigsam bergan.

Wir zogen am Rande eines sandigen Abhangs hin, der sich bis unten ins Tal erstreckte, und befanden uns nun an einer Stelle, von wo man eine dankbare Aussicht nach links hatte. Am Fuße des Berges sah man deutlich das reizende Etablissement liegen, welches ich in der Frühe verlassen hatte. Es tönte Musik herauf. Es war Gartenkonzert.

Jetzt blieb Wohlgemut auch zurück. Rechts am Wege stand noch ein dritter dicker Baum. Hinter diesen stellte sich Wohlgemut, kriegte sein Perspektiv heraus, und als er durch dasselbe bemerkte, daß unten im Garten viele hübsche Mädchen saßen, schob er's wieder ein, schlich sich an den Abhang und ließ sich hinunterrutschen.

Willich, der eben wieder hinter seinem Baume hervortrat und sogleich sah, wo Wohlgemut hin wollte, fing gleichfalls das Rutschen an, und Wolltich, der ebenfalls wieder hinter seinem Baume hervorgetreten war und dem die Sache auch gleich einleuchtete, rutschte auch hinterher.

So marschierte denn nun der nachdenkliche Wennaber, welcher die Abwesenheit seiner Kollegen nicht beachtet hatte, nur allein noch bergan.

»Kinder!« sprach er. » Je mehr ich mir diese Sache, die wir

vorhaben, überlege, je mehr finde ich, daß diese Sache, die wir vorhaben, sehr zweifelhaft ist. Wie denkt Ihr darüber?«

Bei diesen Worten drehte er sich um, und als er niemanden sah, sprach er:

»Meine Brille ist angelaufen, denn ich habe transpiriert!«

Er setzte sie ab und putzte sie mit Hilfe seines Rockschlappens, und dann setzte er sie wieder auf. Aber seine Kollegen konnte er nicht dadurch wahrnehmen. Doch ja! Dort unten rutschen sie.

Wennaber war sehr geneigt zum Überlegen, wenn er aber mal wußte, was er eigentlich wollte, dann war sein Entschluß kurz, fest und unabänderlich.

So auch jetzt. Er setzte sich rittlings auf seinen Wanderstab und rutschte gleichfalls den Berg hinunter und kam fast noch eher an als die drei andern.

Ich stieg weiter. Der Weg machte eine steile Wendung nach rechts hinauf.

Auf einmal gab's ein Gerassel. Erst kam mir etwas Steingeröll entgegengekollert, dann ein Sack voll Geld, dann ein runder Filzhut, dann eine goldene Schnupftabaksdose, dann ein runder Herr mit einem mannigfaltigen Charivari an der Uhrkette, was hauptsächlich das Rasseln tat, und dann rutschten sie alle nacheinander den Abhang hinunter, bis unten in den Chausseegraben. Hier angelangt inmitten seiner Effekten, verharrte der Reisende zunächst in einer liegenden Stellung. Darnach setzte er sich zunächst auf den Geldsack und nahm eine Prise und besah sich die Rutschbahn, die er soeben durchmessen hatte. Darnach klopfte er seinen staubigen Filzhut aus, warf den Sack auf die Schulter und begab sich in das Wirtshaus »Zum lustigen Hinterfuß«.

Ich stieg weiter. Der Weg wurde steiler und steiler.

Vor mir schritt ein Wanderer, ein Handelsmann, wie's schien, welcher eine Kiepe mit Glaswaren auf dem Rücken trug. Er ging mühsam und bedächtig, und als er einen passenden Baumstumpf fand, stellte er die Kiepe darauf und setzte sich ins Gras daneben, um auszuruhn.

»Ach Gott!« sprach er seufzend. »Wie muß der Mensch sich plagen!« Sofort, nachdem er diese Äußerung getan hatte, kam ein Wirbelwind durchs Gebüsch dahergerauscht und warf den Korb auf die Erde, daß alle Gläser zerbrachen.

81

»Sieh!« rief der erschrockene Handelsmann. »Kaum sagt man ein Wort, so stößt Er einem die Kiepe auch noch um!«

Er war sehr niedergeschlagen. Aber bald faßte er sich wieder, ging an den sandigen Abhang, setzte sich in die leere Kiepe, benutzte seinen Stecken als Steuer und kutschierte eilig ins Tal hinunter. Es dauerte auch nicht lange, so sah ich ihn drunten im Wirtsgarten, und der Herr mit dem Charivari und die vier guten Vorsätze hießen ihn bestens willkommen. Es mußten wohl alte Bekannte sein. Und die Musik spielte grade ein herrliches Potpourri.

Ich stieg weiter. Die Bäume wurden knorriger, die Felsen schroffer.

In einer Höhle, auf seinem Sitze festgebunden, den Rücken nach dem Lichte, das Gesicht nach der Wand gekehrt, saß der unglückliche Mensch, der, nun schon mehr als zehntausendmal wiedergeboren, doch noch immer von den Dingen, welche draußen vorbeipassierten, nichts weiter zu erkennen vermochte als ihre Schatten, die sie vor ihm an die Wand warfen.

Als ich vor der Öffnung der Höhle einige Sekunden stillstand, hielt er mich für einen schwarzen Fliegenklecks an seiner Mauer und begrüßte mich als solchen.

Mit überlegenem Lächeln verließ ich ihn.

Noch ehe ich um die nächste Felsenecke gebogen, vernahm ich ein klatschendes Geräusch, ähnlich dem, welches die Köchin verursacht, wenn sie den Braten klopft.

Nicht lange, so befand ich mich einem tätigen Manne gegenüber, der sich vermittelst eines Ochsenziemers dermaßen den entblößten Rücken zerpeitschte, daß man wohl sah, es waren Schläge, die Öl gaben.

»Was treibt Ihr denn da, guter Freund?« so fragt ich ihn.

»Das Leben ist ein Esel! Ich prügle ihn durch!« so schrie er und arbeitete weiter.

Ich begab mich höher hinauf.

Nicht lange war ich gestiegen, als ich auf einem kahlen Platze einen kahlen Mann sitzen sah, der immer in dieselbe Stelle guckte.

»Was treibt Ihr denn da, bester Freund?« so fragt ich ihn.
»Das Leben ist ein Irrtum! Ich denke ihn weg!« gab er zur
Antwort. Er hatte sich schon alle Haare weggedacht und
dachte doch immer noch weiter.
Ich begab mich höher hinauf; und alsbald, so erreicht ich eine
verfallene Einsiedelei, worin auf einem bemoosten Steine ein
bemooster Klausner sich niedergelassen, der kein Glied rührte.
»Was treibt Ihr denn da, alter Freund?« so fragt ich ihn.
»Das Leben ist eine Schuld! Ich sitze sie ab!« so gab er zur
Antwort und saß ruhig weiter.
Er mußte wohl schon lange gesessen haben, denn ein Faul-
baum war ihm kreuz und quer durch die Kutte gewachsen,
und in seiner Kapuze saß ein Wiedehopfsnest mit sechs Jungen, die sich weiter keinen Zwang antaten.
Nicht lange, nachdem ich diesen würdigen Eremiten respekt-
voll verlassen hatte, wurde der Wald weniger knorrig und
plötzlich ganz hell.
Vor mir ausgebreitet lag eine weite, grüne, blumenreiche
Wiese, in deren Mitte sich ein mächtiges Schloß erhob. Es hatte
weder Fenster, noch Scharten, noch Schornsteine, sondern nur
ein einziges fest verschlossenes Tor, zu dem eine Zugbrücke
über den Graben führte. Es war aus blankem Stahl erbaut und
so hart, daß ich trotz verschiedener Anläufe, die ich nahm,
doch partout nicht hineinkonnte. Eine peinliche Tatsache. Die
Freiheit des unverfrorenen Überalldurchkommens, auf die
ich mir immer was eingebildet, war entweder merklich ge-
schwunden, oder es gab Sachen, die mir sowieso schon zu fest
waren.
Ich fragte einen steinalten Förster, der am Rande des Waldes
stand, was denn das hier eigentlich wäre. Er schien nicht gut
hören zu können, legte die Hand hinters Ohr, sah mich
stumpfsinnig an und sog dabei heftig an seiner kurzen Pfeife,
die er jedenfalls lange nicht rein gemacht hatte. Sie gurgelte
und schmurgelte.
Eduard schnarche nicht so!
rief die Stimme. Ich hörte nicht weiter hin, sondern fragte den
Förster zum zweiten Male:
»Alter Knasterbart! Könnt Ihr mir nicht sagen, was das hier
für ein Schloß ist?«

»Kleiner Junker!« gab er zur Antwort. »Zu denen, die das nicht wissen, gehöre auch ich. Dahingegen mein Großvater, der hat mir oft gesagt, daß er es auch nicht wüßte, aber was sein Großvater gewesen wäre, der hätte ihm oft erzählt, es wäre so alt, daß das Ende davon weg wäre; und daß da ein heimlicher Tunnel wäre zwischen dem Schloß hier oben und dem Wirtshaus da unten, das hat er auch noch gesagt!«

»Was?« dacht ich. »Kleiner Junker?« Ich drehte dem alten Trottel den Rücken zu und sah nach dem Schlosse.

Auf der Wiese trieben sich viele kleine pechschwarze Teufelchen umher. Sie schwangen Netze, erhaschten Schmetterlinge und spießten sie auf feine Insektennadeln.

Jetzt öffnete sich das Tor. Ein langer Zug von ganz kleinen rosigen Kinderchen drängte heraus über die Brücke. Sofort ein heiteres Spiel beginnend, purzelten sie lachend zwischen den Blumen herum. Aber auch die Teufelchen kamen herbeigesprungen und neckten und balgten sich mit ihnen, und da die Teufelchen abfärbten, so kriegte jedes seinen kleinen Wischer weg, als hätten sie »schwarzen Peter« gespielt.

Auf den Bäumen, welche die Wiese begrenzten, saßen zahlreiche Storchnester. In jedem stand ein Storch auf einem Bein und sah bedächtig prüfend den kindlichen Spielen zu. Plötzlich flogen sie alle zusammen auf die Wiese hinunter. Jeder nahm sein Bübchen oder Mädchen, welches er sich ausgesucht hatte, in den langen Schnabel, und fort ging's hoch über den Wald weg.

Ein allgemeines Wehgeschrei erfüllt die Lüfte. Und die Teufelchen schrien lustig hinterher:

> Storch Storch Stöckerbein
> Kehr bei meiner Großmutter ein!
> Triffst du sie zu Hause,
> Laß dich von ihr lause.

Und dann schlugen sie freudige Purzelbäume mit großer Behendigkeit.

Da der Fußweg, welchen ich bislang verfolgt hatte, hier zu Ende war und ich über die Stadt am Berge auch keine nähere Auskunft erwarten konnte, schwenkte ich auf gut Glück etwas nach rechts in den Wald hinein, wo ich denn nach kurzer Zeit an einen Wildbach gelangte, der rauschend vorübereilte.

Ein dichtes Dornengestrüpp versperrte mir die Aussicht. Als ich mich mühsam hindurchgearbeitet, tat sich weithin das Land auf; und nun sah ich erst, daß an der rechten Seite des Gebirges aus dem tiefen fernen Tale noch ein zweiter Pfad zu der beträchtlichen Höhe führte, die ich von links her erreicht hatte.

Der Pfad war sehr schmal. Stille Pilger, jeder sein Päckchen tragend, zogen herauf.

»Nur langsam, Freundchen! Ich will auch noch mit!« rief ich, als sie an mir vorüberkamen, einem der Wanderer zu.

Mit ruhig mildem Blicke mich ansehend sprach er: »Armer Fremdling! Du hast kein Herz!«

Betroffen blieb ich stehn und sah ihnen nach. Sie wandelten bescheiden ihres Weges weiter. Sie kamen an das Wasser. Ein schmaler Steg führte hinüber. Hinter dem Stege, in einem Gemäuer, tat sich ein enges Pförtchen auf. Die Pilger traten ein. Das Pförtchen schloß sich wieder.

Neugierig, wie ich war, versucht ich gleichfalls hineinzugelangen; aber das Pförtchen hatte nicht einmal ein Schlüsselloch, und auch die Mauer, welche sich rechts und links unabsehbar weit ausdehnte, war undurchdringlich für mich. Ich erhob mich und schaute hinüber. Eine herrliche Tempelstadt, ganz aus Edelsteinen erbaut und durchleuchtet von wunderbarem Lichte, viel schöner als Sonnenschein, stieg zum Gipfel des majestätischen Berges empor.

Mit kräftigem Schwunge versucht ich dahin zu fliegen. Ein heftiger Stoß war die Folge. Über der ersten Mauer stand noch eine zweite, die ich nicht bemerkt hatte, unendlich hoch, vom reinsten, durchsichtigsten Kristall.

Eine Weile noch schwirrt ich dran auf und nieder, wie eine Stubenfliege an der Fensterscheibe, dann fiel ich erschöpft zu Boden, daß es klirrte, wie eine »tönende Schelle«. –

Da lag er nun, der kleine eingebildete Reiseonkel; ein Häufchen, kaum der Rede wert, und doch beleidigt über die ungefällige Hartnäckigkeit mancher Dinge, die ihm verquer kamen!

Plötzlich kam was über mich, wie ein Schatten. Als ich aufblickte, war's einer von den kleinen abscheulichen schwarzen Teufeln von vorhin auf der Wiese.

85

»Aha! Bist da, du Lump!« schrie er und zog sein grinsendes Maulwerk auseinander, daß es von Ostern bis Pfingsten reichte.

Erschreckt und verdattert fing ich an zu schwitzen und zu stottern und zu beteuern und kläglich zu rufen: »Ich b-b-bin ja gar nicht so übel! Ich b–b–b–bin ja gar nicht so übel!«

»Also auch das noch!« kreischte der Schwarze. »Warte nur, dich wollen wir schon kriegen!« Und damit steckte er seine lange rote geräucherte Zunge heraus und hob sein Schmetterlingsnetz in die Höhe und wollte mich einfangen.

Ich, nicht faul, tat einen Satz hoch in die Luft; der Teufel auch. Ich flog im Zickzack; der Teufel auch. Dann schoß ich wieder tief in den Wald hinab; der Teufel auch. Ich lief um einen Baum herum, in einem fort, wohl hundertmal hintereinander; der Teufel auch; dicht hinter mir; und jetzt wär ich sicher erwischt worden, hätte nicht grad ein baumlanger Riese dagelegen, Maul offen, Augen zu, ein stattlicher Mann – mir war, als müßt ich ihn kennen – der fest zu schlafen schien.

Die Not war groß. Besinnungslos stürzte ich mich in den offenen Rachen hinein. –

Als ich wieder zu mir selbst gekommen, befand ich mich in einer Art von Oberstübchen mit zwei Fenstern. Der Morgen dämmerte herein. An den Wänden hingen Bilder, die, so schien's mir, nicht viel Ähnlichkeiten hatten mit dem, was sie vorstellten. Der Zeiger der Wanduhr stand auf halb sieben. Es war noch nicht aufgeräumt. Ein Geruch von gebrannten Kaffeebohnen machte sich bemerklich.

Noch halb und halb in Verwirrung stolperte ich die dunkele Treppe hinunter. Behutsam drückte ich eine Türe auf. Es war ein matt erhelltes Zimmer mit roten Vorhängen. Auf einem goldenen Thrönchen saß die schönste der Frauen, ein Abbild meiner angebeteten Elise.

Ich warf mich zu ihren Füßen. Anmutig lächelnd öffnete sie die Lippen.

Und wieder vernahm ich eine Stimme, aber sanft und lieblich, und es klang wie Flötentöne, als sie rief:

»Eduard steh auf, der Kaffee ist fertig!« –

Ich erwachte. Meine gute Elise, unsern Emil auf dem Arm, stand vor meinem Bette.

Wer war froher als ich. Ich hatte mein Herz wieder und Elisen ihr's und dem Emil sein's, und, Spaß beiseit, meine Freunde, nur wer ein Herz hat, kann so recht fühlen und sagen, und zwar von Herzen, daß er nichts taugt. Das Weitere findet sich.

Hiermit beschloß Freund Eduard die Geschichte seines Traumes.

Mit der größten Nachsicht hatten wir zugehört. Wir erwachten aus einer Art peinlicher Betäubung, in die man ja immer zu verfallen pflegt, wenn einer einem länger was vordröhnt, ohne daß man Gelegenheit findet, sein Wörtchen mit dreinzureden. Wir waren auch sonst nicht so befriedigt, wie es wohl wünschenswert. Wir hatten doch mancherlei Dinge vernommen, die dem Ohre eines feinen Jahrhunderts recht schmerzlich sind. Wozu so was? Und dann ferner. Warum gleich lumpig einhergehen und es jedermann merken lassen, daß die Bilanzen ein Defizit aufweisen? Würde es nicht vielmehr schicklich und vorteilhaft sein, sich fein und patent zu machen, wie es der Kredit des »Hauses« erfordert, dem als Teilhaber anzugehören wir sämtlich die Ehre haben?

Übrigens ist es nicht schlimm mehr, nun die Sache gedruckt ist; denn, man mag sagen, was man will, der passendste Stoff, um Schrullen, die sich nun mal nicht unterdrücken lassen, auf das bescheidenste drin einzuwickeln und im Notfall zu überreichen, ist der Stoff des Papiers.

Ein Buch ist ja keine Drehorgel, womit uns der Invalide unter dem Fenster unerbittlich die Ohren zermartert. Ein Buch ist sogar noch zurückhaltender als das doch immerhin mit einer gewissen offenen Begehrlichkeit von der Wand herabschauende Bildnis. Ein Buch, wenn es so zugeklappt daliegt, ist ein gebundenes, schlafendes, harmloses Tierchen, welches keinem was zuleide tut. Wer es nicht aufweckt, den gähnt es nicht an; wer ihm die Nase nicht grad zwischen die Kiefern steckt, den beißt's auch nicht.

Der Schmetterling

Kinder, in ihrer Einfalt, fragen immer und immer: Warum? Der Verständige tut das nicht mehr; denn jedes Warum, das weiß er längst, ist nur der Zipfel eines Fadens, der in den dicken Knäuel der Unendlichkeit ausläuft, mit dem keiner recht fertig wird, er mag wickeln und haspeln, so viel er nun will.

Vor Jahren freilich, als ich eben den kleinen Ausflug machte, von dem weiter unten berichtet wird, da dacht ich auch noch oft darüber nach, warum grad mir, einem so netten und vorzüglichen Menschen, das alles passieren mußte. Jetzt sitz ich da in sanfter Gelassenheit und flöte still vor mich hin, indem ich kurzweg annehme: Was im Kongreß aller Dinge beschlossen ist, das wird ja wohl auch zweckgemäß und heilsam sein.

Mein Name ist Peter. Ich bin geboren anno dazumal, als man die Fräuleins Mamsellchen nannte und die Gänse noch Adelheid hießen, auf einem einsamen Bauerngehöft, gleich links von der Welt und dann rechts um die Ecke, nicht weit von der guten Stadt Geckelbeck, wo sie alles am besten wissen.

Daselbst in der Nähe liegt auch der unergründliche Grummelsee, in dem bekanntlich der Muddebutz, der langgeschwänzte, sein tückisches Wesen treibt. Frau Paddeke, die alte zuverlässige Botenfrau, hat ihn selbst mal gesehn, wie er den Kopf

aus dem Wasser steckte; und scharf und listig hat er sie angeschaut, mit der überlegenen Ruhe und Kaltblütigkeit eines
vieltausendjährigen Satans.

Meine Mutter starb früh. Der Vater und der brave Knecht
Gottlieb bestellten fleißig die Felder. Mein hübsches Bäschen
Katharine führte die häusliche Wirtschaft.

Da ich meinerseits, obwohl ich ein stämmiger Schlingel geworden, weder zum Pflügen noch zum Häckerlingschneiden
die mindeste Neigung zeigte, schickte mich mein Vater in die
Stadt zu Herrn Damisch, dem gelehrten Magister, der mich
jedoch bereits nach ein paar Jahren, als nicht ganz zweckentsprechend, bestens dankend zurückgab.

Hierauf, nachdem ich so ein Jährchen verbummelt hatte, kam
ich zu dem hochberühmten Schneidermeister Knippipp in die
Lehre nebst Kost und Logis.

»Auch ein vornehmes Metier!« meinte der Vater. »So ein
Schneider kann sein Brot im Trocknen verdienen, wie der
feinste Schulmeister, ob's regnet oder schneit.«

Schon nach neun Monaten spülten mich die dünnen Wasser-
suppen der dicken Frau Meisterin wieder der Heimat zu.

Ich hatte mich feingemacht. Strohhut, himmelblauer Schniepel; stramme gelbe Nankinghose; rotbaumwollenes Sacktuch.
Aber diesmal war der Vater wirklich sehr ärgerlich. Er griff
zum Ochsenziemer; und er hätte sein böswilliges Vorhaben
auch sicherlich ausgeführt, wenn ihn der brave Gottlieb und
das gute Kathrinchen, er vorne, sie hinten, nicht entschieden
gehemmt hätten.

Den Winter blieb ich zu Haus. Ohne grad viel aufs Essen zu
geben, stand ich doch gern hinter dem hübschen Bäschen in der
Küche herum. Mitunter nahm ich ihr eine Stecknadel weg und
stach sie mir kaltblütig durchs Ohr. Auch tanzte ich zuweilen
waghalsig auf dem gefährlichen Brunnenrande, und wenn das
Kathrinchen zusah und es grauste ihr tüchtig, das war mir
grad recht. Dann wieder konnt ich dastehn in tiefster Versim-
pelung, wie ein alter Reiher im Karpfenteich. Ein besonders
hoher Genuß war mir's aber, so des Abends auf der Bank hinter dem Ofen zu liegen und zuzusehn, wie das Kathrinchen
Bohnen aushülste und der Gottlieb Körbe flocht. Bei dem Anblick dieser kleinen, krausen, krispeligen Tätigkeit überkam

92

mich immer so ein leises, feines, behagliches Gruseln. Oben in den Haarspitzen fing's an, kribbelte den Rücken hinunter und verbreitete sich über die ganze Haut, während meine Seele gar sanft aus den Augen hinauszog, um ganz bei der Sache zu sein, und mein Körper dalag, wie ein seliger Klotz. Eines Abends stieg ich auch mal heimlich in den Lindenbaum, weil ich gern mal sehen wollte, wie das Kathrinchen zu Bette ging. Sie betete grad ihren Rosenkranz. Als sie aber anfing sich auszuziehn und die Geschichte bedenklich wurde, macht ich Ahem! und Phütt! war die Lampe aus. Am andern Nachmittag wurde an einer grünen Gardine genäht.

Mein Stübchen lag oben im Giebel. In einem dicken Legendenbuche las ich bis spät in die Nacht hinein. Wenn dann der Wind sauste und der Schnee ans Fenster klisperte, fühlt ich mich so recht für mich als ein behaglicher Herr.

Die Hexen hatten ihren Strich da vorbei; sie zügelten zuweilen ihre Besen und lugten durch die Scheiben; meist alte Hutzelgesichter, als wären sie gedörrt worden am höllischen Feuer. Mal aber war's eine junge hübsche. Sie hatte eine Schnur von Goldmünzen ins Haar geflochten. Sie blinzelte und lachte. Ihre weißen Zähne blitzten, wie ihr das Licht ins Gesicht schien, gegen den dunkelen Hintergrund.

Als der Sommer kam, als die Welt eng wurde von Laub und Blüten, macht ich mir ein Netz und jagte nach Schmetterlingen. So herumzustreifen in leichtsinniger Freiheit, oder mich niederzulegen zu beliebiger Ruhe, das war mein Fach; und hupfen, wie der rührigste Heuschreck, das konnt ich auch.

Eines Sonntagsmorgens, während die andern zur Messe waren, macht ich mich hübsch und ging aus der Hintertür, das

Netz in der Hand, den Frack voller Pflaumen. Hell schien die Sonne. Vom Garten ins Feld, vom Feld in die Wiesen dämelt ich glücklich dahin. Schmetterlinge flogen in Menge. Von Zeit zu Zeit erhascht ich einen, besah ihn und ließ ihn fliegen, denn von der gewöhnlichen Sorte hatt ich längst alle Kasten voll. Aber jetzt, in der Ferne, flog einer auf, den kannt ich noch nicht. Ich los hinter ihm her über Hecken und Zäune, wohl zwei drei Stunden lang in einer Tour, bis mir's schließlich zu dumm wurde. Unwillig warf ich mich ins Gras. Oben in der Luft schwebte ein Habicht. Vertieft in seine sanften Bogenzüge, war ich bald eingedämmert. Als ich erwachte, wollte die Sonne schon untergehn, und da es die höchste Zeit war, nach Hause zu eilen, kletterte ich auf einen Baum am Rande des Waldes, um zu sehn, wo ich denn eigentlich wäre. Nichts als unbekannte Gegend in der Weite und Breite. Erst verdutzt, dann heiter und gleichgültig, ergab ich mich in mein Schicksal. Ich stieg herab, suchte einen gemütlichen Platz, setzte mich und fing an, Pflaumen zu essen. Plötzlich, mir stockte der Atem vor freudigem Schreck, kam er angeflattert, der reizende Schmetterling, geschmückt mit den schönsten Farben der Welt, und ließ sich frech auf der Spitze meines Fußes nieder. Leise hob ich das Netz; ich zielte bedachtsam. Witsch! dort flog er hin. Aber gut gezielt war's doch, denn mit dem eisernen Netzbügel hatt ich richtig die kleine Zehe gestreift, genau da, wo sie am allerempfindsamsten war. Ich sprang auf, tanzte auf einem Bein und pfiff dazu.

»Ähä!« lachte wer hinter mir. »Aufs Auge getroffen!«

Ein hübscher blasser Bursch, gekleidet wie ein Jägersmann, saß unter einer Buche.

»Ich bin der Peter!« sag ich und setze mich zu ihm.

»Und ich der Nazi!« sagt er.

Um seinen linken Arm ringelte sich eine silberglänzende Schlange, die auf dem Kopf ein goldenes Krönchen hatte, und auf seinen Knien hielt er ein Vogelnest mit kleinen blaugrünen Eiern darin.

»Ein verdächtiges Vieh!« sagt ich mißtrauisch. »Es beißt wohl auch?«

»Mich nie. Gelt, Cindili!« sprach er, indem er ihr ein Ei hinhielt.

Ich trug auf der bloßen Brust ein Medaillon, eine Goldmünze, das Geschenk eines Paten. Die Schlange machte sich lang danach.

»Sie wittert das Gold«, sagte der Jäger.

»Teufel, duck dich!« rief ich und gab ihr mit dem Stiel meines Netzes einen kurzen Hieb über die Nase.

Zornig zischend fuhr sie zurück, wickelte sich los und schlüpfte raschelnd ins Gebüsch. Der Jäger, nachdem er mir vorher noch schnell einen Stoß auf den Magen versetzt hatte, daß ich die Beine aufkehrte, lief hinter ihr her.

Allmählich wurd es im Walde pechteertonnendunkel. Die Luft war mild. Ich lehnte mich an den Baumstamm und entschlief augenblicklich, ja, ich kann wohl sagen, noch eher.

Überhaupt, schlafen, das konnt ich ohne jede Mühwaltung; und fest schlief ich auch, fast so fest wie die Frau mit dem guten Gewissen, der die Ratten über Nacht die große Zeh abfraßen, ohne daß sie was merken tät.

Erst die Mittagssonne des nächsten Tages öffnete mir die Augen. Und wahrhaftig! da saß er schon wieder, drei Schritt weit weg, mein kunterbunter Schmetterling, auf einem violetten Distelkopfe, und fächelte und ließ seine ausgebreiteten Flügel verlockend in der Sonne schimmern. Mit kunstvoller List schlich ich näher. Vergebens. Genau eine Sekunde vorher, eh ich ihn erreichen konnte, flog er ab wie der Blitz, und dann noch einmal und noch einmal, und dann Fiwitz! mit einem eleganten Zickzackschwunge weg war er über eine haushohe Dornenhecke.

»Zu dumm!« dacht ich laut, denn ich war sehr erhitzt. »So ein klein winziges Luder; will sich nicht kriegen lassen; ist extra zum Wohle des Menschen geschaffen und verwendet doch seine schönen Talente nur für die eigenen selbstsüchtigen Zwecke. Es ist empörend!«

Im Eifer der Verfolgung hatt ich den einen Stiefel im Sumpf stecken lassen, und zwar tief, so daß ich erst eine Zeitlang tasten und grabbeln mußte in der schwarzen Suppe, eh ich ihn wiederfand. Ich schüttete den Froschlaich heraus, wusch mich und ging nun, nachdem ich mich abgekühlt und besänftigt hatte, in gemäßigtem Bummelschritt einem fernen Hügel entgegen, über den sich als heller Streifen die Landstraße hinzog. Hier hofft ich ortskundige Leute zu treffen, die mir sagen konnten, wie ich nach Hause käme.

Auf einem Meilensteine saß ein älterer Mann, der eine ungewöhnlich breitschirmige Mütze trug. Zwischen seinen Knien hielt er einen grauhaarigen Hund.

»Guter Vater!« sprach ich ihn an. »Ich möchte gern nach der Stadt Geckelbeck.«

»Genehmigt!« gab er zur Antwort.

»Könnt Ihr mir vielleicht zeigen, wo der Weg dahin geht?«

»Ne! Ich bin rundherum blind.«

»Schon lange?« fragt ich teilnahmsvoll.

»Fast neunundfünfzig Jahr; nächsten Donnerstag ist mein dreiundfünfzigster Geburtstag.«

»Was? Schon sechs Jahre vor Eurer Geburt?«

»Sogar sieben, richtig gerechnet. Ich wollte schon damals gern in die Welt hinein, tappte im Dunkeln nach der Tür, fiel mit dem Gesicht auf die Hörner des Stiefelknechts, und das Unglück war geschehn.«

»Dann laßt Euch raten, Alter!« sagt ich. »Und schielt nicht zu viel nach hübschen Mädchen, denn das hat schon manchen Jüngling zu Fall gebracht.«

»Faß!« schrie der Blinde und ließ den Hund los.

Ich aber nahm die Frackschöße unter den Arm, steckte mein Schmetterlingsnetz nach hinten zwischen den Beinen durch, wedelte damit und ging so in gebückter Stellung meines Weges

96

weiter; eine Erscheinung, die dem Köter so neu und unheimlich vorkam, daß er mit eingeklemmtem Schweife sofort wieder umkehrte.

Vor mir her schritt ein Bauer, der weder rechts noch links schaute, und da er einen ernsten, nachdenklichen und vertrauenerweckenden Eindruck machte, beschloß ich, an ihn meine Frage zu richten.

»He!« rief ich. Er gab nicht acht darauf. »He!« rief ich lauter. Er ließ sich nicht stören in seinen Betrachtungen. Jetzt, als ich dicht hinter ihm war, klappt ich ihm mein Netz über den Kopf. Oh, wie erschrak er da. Ich hörte deutlich, wie ihm das Herz in die Kniekehle fiel.

»Könnt Ihr mir nicht sagen, guter Freund, wo Geckelbeck liegt?« fragt ich und hob das Netz.

Er hatte sich umgedreht. Er kniff die Augen zu, riß den Mund auf, so daß seine dicke belegte Zunge zum Vorschein kam, steckte die Daumen in die Ohren, spreizte die Finger aus und schüttelte traurig mit dem Kopfe.

»Döskopp!« rief ich in meiner ersten Enttäuschung, sah dabei aber ungemein freundlich aus.

Der Taubstumme, der dies wohl für einen verbindlichen Abschiedsgruß hielt, zog ergebenst seine Zipfelkappe, obgleich er eine bedeutende Glatze hatte.

Der Abend kam. Auf einem Acker rupft ich mir ein halb Dutzend Rüben aus, und da ein starker Tau den Boden benetzte, stieg ich in eine Tanne, band mich fest mit den Frackschößen und machte mich sodann über die saftigen Feldfrüchte her, daß es knurschte und knatschte. Von der letzten, bei der ich entschlummert war, hing mir die Hälfte nebst dem Krautbüschel noch lang aus dem Munde heraus, als ich am andern Nachmittag wieder erwachte. Schnell stieg ich herab, erfrischte mich in einer Quelle und kehrte auf die Landstraße zurück. Ich befand mich in der heitersten Laune; ich wußte es, eine innere Stimme sagte es mir: Dir wird heut noch besonders was Gutes passieren.

In diesen angenehmen Vorahnungen störten mich die Klage-laute eines Bettlers, der, den Hut in der Hand, auf mich zu-kam.

»Junger Herr!« bat er. »Schenkt mir doch was. Ich habe sie-ben Frauen – ach ne! sieben Kinder und eine Frau, und meine Eltern sind tot, und meine Großeltern sind tot, und meine Onkels und Tanten sind tot, und ich hab niemanden in dieser weiten, harten, grausamen Welt, an den ich mich wenden könnte, als grad Euch, schöner Herr.«

Bei diesen Worten erwärmte sich meine angeborene Groß-artigkeit. Ich hatte siebzehn einzelne Kreuzer im Sack. Mit dem Gefühl einer behaglichen Erhabenheit warf ich zehn da-von in den Filzhut des Bettlers.

Kaum war dies geschehen, so nahm er einen Kreuzer wieder heraus und legte ihn mir vor die Füße.

»Hier, mein Bester«, sprach er, »schenk ich Euch den zehnten Teil meines Vermögens. Seid dankbar und vergeßt den edlen Geber nicht, der sich bescheiden zurückzieht.«

Nach kurzer Erstarrung lief ich hinter dem Kerl her, um ihm einen Tritt auf die Wind- und Wetterseite zu geben. Aber er hatte die Tasche voller Steine. Er traf so geschickt damit, daß mir, trotzdem ich das Netz vorhielt, schon beim zweiten Wurf ein ganz gesunder Vorderzahn direkt durch den Hals in die Luftröhre flog, worauf ich wohl eine Stunde lang husten mußte, ehe ich ihn wieder herauskriegte.

Ich pflückte mir Felderbsen in mein Netz, ließ die grünen, angenehm kühlen Pillen durch die entzündete Gurgel rollen und füllte mir so zugleich den begehrlichen Leib mit jungem Gemüse. Dann zog ich mich in ein Gehölz zurück und legte mich, das Gesicht nach oben, schlichtweg zur Ruhe nieder.

Den folgenden Tag hätte ich sicher verschnarcht, wär mir nicht gegen Mittag ein Maikäfer in den weitgeöffneten Mund ge-fallen. In dem Augenblick, als er sich anschickte, in die Tiefe meines Wesens hinunterzukrabbeln, erwacht ich. Der Wind schüttelte die Wipfel.

Übrigens knurrte mein Magen wegen fader Beköstigung, und so macht ich mich denn auf und ruhte nicht eher, bis ich in ein Wirtshaus gelangte, wo ich mir eben für meine letzten Kreuzer etwas Derbes bestellen wollte, als ein wohlgemästeter Bauer,

98

der sehr lustig aussah, in die Stube trat und sich zu mir an den Tisch setzte.

»Euch ist wohl!« sag ich.

»Mit Recht!« sagt er. »Hab den Schimmel verkauft auf dem Markt.«

»Brav's Tier vermutlich.«

»Das grad nicht. Alle Woche mal, oder wenn's ihm grad einfällt, haut er die Sterne vom Himmel herunter und den Kalk aus der Wand.«

»Da habt Ihr den Käufer jedenfalls gewarnt.«

»Was!« entgegnete der Bauer und wurde ganz traurig und niedergeschlagen. »Gott erhalte jedem ehrlichen Christenmenschen seinen gesunden Verstand. Seh ich wirklich so dumm aus?«

»Hört mal!« sag ich. »Dann seid Ihr ja einer der größten Halunken, die auf den Hinterbeinen gehn zwischen Himmel und Hölle.«

»So hör ich's gern!« rief der Bauer und sein Gesicht klärte sich auf. »Gelt ja? Ich bin ein Teufelskerl. He, Wirt! Gebt diesem netten Herrn ein belegtes Butterbrot und ein Glas Bier auf meine Rechnung.«

Während ich aß, fiel es mir auf, daß der Mann beständig durchs Fenster schielte. Plötzlich schien ihm was einzufallen. Er zahlte und sagte, er müßte notwendig mal eben hinaus, aber käme gleich wieder. Kaum war er fort, so hörte man ein hastiges Pferdegetrappel von der Landstraße her. Ich trat vor die Haustür.

Ein Schimmelreiter ohne Hut war angekommen und fragte ganz außer Pust:

»War kein Bauer hier mit einem dicken Bauch, einem dicken Stock und einer dicken Uhrkette?«

»Das stimmt!« sag ich. »Er ging nur mal eben zur Hintertür hinaus.«

»So ein Hundsfott!« schrie der Reiter. »So ein Mistfink! Lobt und preist mir der Kerl den Schimmel an, der den Teufel und seine Großmutter im Leib hat.«

»Ja!« sag ich gelassen: »Dummheit muß Pein leiden.«

Krebsrot vor Zorn hob der Schimmelreiter die Peitsche. Ich schwenkte mein Schmetterlingsnetz.

Auf dieses Zeichen schien der Schimmel gewartet zu haben. Er vergrellte die Augen, spitzte die Ohren, ging verquer, ging rückwärts, er drückte ein Fenster ein unter starkem Geklirr, er wieherte hinten und vorn, und dann, mit einem riesigen Potzwundersatze, weg war er über die Planke.

Ich lief, um nachzusehn, vor den Hof. Der Schimmel war nur noch ein undeutlicher Punkt ganz in der Ferne; der Reiter hing deutlich im Pflaumenbaum ganz in der Nähe.

Die folgende Nacht verschlief ich unter einer Wiesenhecke. Eine Grasmücke, das graue Vöglein mit schwarzem Käppchen, weckte mich in der Früh durch seinen lieblichen Gesang. Ich blieb noch liegen und horchte. Durch Zweige und zierliche Doldenpflanzen sah ich in die sonnige Welt. Heuschrecken geigten an ihren Flügeln, indem sie die Hinterbeine als Bogen benutzten. Schwebefliegen blieben stehn in der Luft und starrten mich an aus ihren Glotzaugen. Endlich erhob ich mich und nahm in einem klaren Wassertümpel mein Morgenbad. Natürlich, grad wie mir's am wohlsten drin ist, kommt mein ersehnter Schmetterling dahergeflogen und flattert mir neckisch vor der Nase herum. Ich heraus, zieh mich an, eile ihm nach, von Wiese zu Wiese, den ganzen Tag, bis dicht vor ein Städtchen. Hier schwang er sich über die Stadtmauer, hoch in die Lüfte, nach dem Wetterhahn hin auf der Spitze des Kirchturms.

Der Abend dämmerte bereits. Auf dem Walle lief ein Mann hin und her, einsam und unruhig. Er hatte den Zeigefinger an die Stirn gelegt und sagte in einem fort das Abc her, bald vor-, bald rückwärts. Ehe ich ihm ausweichen konnte, stieß er mir den Kopf vor die Brust. Nun riß er die Augen weit auf und schrie mich an:

»Ha! Wie heißt er?«

»Ich heiße Peter!« sag ich.

»Nein, Er, Er, mit dem ich vor zehn Jahren im Monat Mai drei Wochen lang herumgewandert bin an der polnischen Grenze.«

»Gewiß ein Herzensfreund.«

»Nein, gar nicht.«

»Oder er ist Euch was schuldig.«

»Keinen Heller.«

»Na!« sag ich. »Dann nennt ihn Hans und laßt ihn laufen, wohin er will.«

»Mensch!« rief er. »Ich bin Ausrufer in dieser Stadt. Lesen kann ich nicht; meine Frau sagt's mir vor, bis ich's auswendig kann; läßt's Gedächtnis nach, ist der Dienst verloren. Neulich, beim Kaffee, ich stecke die Pfeife an, da, so beiläufig, denk ich: Der, der, wie heißt er nur gleich? Und da hat's mich gehabt. Und ich seh ihn doch so deutlich vor mir, als wär's heut oder übermorgen. Er war links und kratzte sich auch so; er zwinkerte immer mit dem linken Auge, und sein linkes Bein war krumm, und im linken Ohrläppchen trug er einen Ring von Messing, und Schneider war er auch. Oh, der Name, der Name!«

Die Beschreibung paßte genau auf meinen früheren Meister. »Hieß er nicht Knippipp?« sag ich so hin.

Ein heller Freudenblitz zuckte über sein blasses Angesicht. Mit den Worten: »Knippipp, ich habe dich wieder!« fiel er mir um den Hals und weinte einen Strom von Freudentränen hinten in meinen Kragen, daß es mir ganz heiß den Rücken hinabrieselte.

In der Fülle der Dankbarkeit ersuchte er mich, ihn nach Hause zu begleiten und bei ihm zu übernachten; und oh! wie freuten sich seine Frau und seine Kinder, als sie sahen, daß sie wieder einen vergnügten und brauchbaren Vater hatten.

Zu Abend gab es Zichorienkaffee mit den üblichen Zutaten. Die Kinder tranken sehr viel, und ich meinte, es sei wohl nicht ratsam, wenn sie kurz vor dem Schlafengehen so viel Dünnes kriegten; aber die Eltern waren der Ansicht, man müsse dem Drange der Natur freien Lauf lassen.

Als wir fertig waren, baten die drei Kleinsten: »Nicht wahr, Papa? Wir schlafen bei dem fremden Onkel!«

So geschah es denn auch. Die Nacht, die ich unter diesem gastlichen Dache zubrachte, war eine der unruhigsten, wärmsten und feuchtesten Sommernächte, die ich jemals erlebt habe. Bei Anbruch des Tages tranken wir wieder gemeinsam Kaffee und aßen Brot mit Zwetschenmus dazu. Die Kinder waren sehr zutunlich; besonders der Zweitjüngste spielte gar traulich zwischen meinen Frackschößen herum.

Daß meine einfachen Gastgeber, von denen ich einen zärtlichen Abschied nahm, über die Lage von Geckelbeck auch nicht die mindeste Auskunft zu geben vermochten, hatt ich mir gleich gedacht. So beschloß ich denn, eh ich wieder ins Weite zog, mich in der Stadt etwas näher zu erkundigen.

Ohne Erfolg befragt ich einen Lehrjungen, der die Läden aufmachte; einen Betrunkenen, der nach Hause ging; einen Großvater, der die Hand aus dem Fenster hielt, um zuzufühlen, ob's regnete. Zu guter Letzt wollt ich noch mal eben an eine vertrauenerweckende Haustür klopfen. Im selben Moment wurde sie aufgestoßen, und ein Dienstmädchen goß den Spüleimer aus. Hätt ich nicht flink die Beine ausgespreizt und einen ellenhohen Hupfer getan, so wär mir der vermischte Inhalt direkt auf den Magen geplatscht. Auf meine Anfrage wischte sich das gesunde Mädchen freilich mit seinem roten Arm ein paarmal nachdenklich unter der Nase her; indes von Geckelbeck wußte sie nichts, und einen, sagte sie, der es wüßte, oder einen wüßte, der es wüßte, wüßte sie auch nicht.

Ich schlenderte zum Tor hinaus. Von der Morgensonne beschienen, mitten auf der Chaussee, war eine Gesellschaft von Sperlingen mit der Obsternte beschäftigt. Es waren jene bemerkenswerten Früchte, genannt Roßäpfel, welche Winter und Sommer reifen. Dieser Anblick erinnerte mich lebhaft an meine ländliche Heimat.

Jetzt, dacht ich, sitzen sie wohl da um den Tisch herum und verzehren ihr Morgensüppchen und denken: Wo mag der Peter sein? Und der Vater wischt sich schweigend den Mund ab mit dem Rockschlappen, und der Gottlieb geht hin und mistet den Pferdestall, und mein gutes Kathrinchen füttert die Hühner, und das schwarze mit der Holle frißt ihr das Brot aus der Hand, aber das gelbe ohne Schwanz will nicht mitfressen, sondern steht traurig und aufgeblustert abseits, auf einem Bein, denn es hat noch immer den Pips.

Einige dicke heimwehmütige Tränen, ich muß es gestehn, rannen mir langsam über die Backen herunter. Ich zog das Taschentuch und rieb mir gründlich mein Angesicht. Es wurde mir so sonderbar schwarz vor den Augen, und jetzt merkt ich, was los war. Das kleine liebevolle Söhnchen meines vergeßlichen Gastfreundes hatte dem fremden Onkel, eh er Abschied nahm, noch heimlich in sein rotes baumwollenes Sacktuch einen tüchtigen Klecks Zwetschenmus eingewickelt und mit auf die Reise gegeben. Ich sah mich nach Wasser um. Ei sieh! Am Stamm eines Kastanienbaumes saß mein neckischer Schmetterling.

»Sitz du nur da!« murmelte ich verächtlich aus dem linken Mundwinkel. »Ich will dich nicht, und ich möchte dich nicht, und wenn du die Prinzessin Triliria selber wärst und brächtest bare fünfhundert Gulden mit in die Aussteuer und keine Schwiegermutter.«

Aber schon war ich in Schleichpositur und gleich drauf in vollem Galopp. Inmitten eines kleinen Teiches endlich ließ sich das bunte Flattertier auf einem Schilfbüschel nieder und klappte seelenruhig die Flügel zusammen. Mindestens zwei Stunden saß ich am Ufer und wartete. Vergebens macht ich öfters Kischkisch! Und Steine zum Werfen waren nicht da. Endlich zog ich mich aus, nahm das Netz quer in den Mund und schwamm vorsichtig näher. Unterdes macht ich eine Entdeckung, die mich veranlaßte, in Eile wieder umzukehren. Es war ein Blutegelteich. Bereits waren meine Beine und sonstigen Körperteile gespickt mit begierigen Säuglingen, und wohl mir, daß eine Grube voll Streusand in der Nähe lag, worin ich mich wälzen konnte. Als die Viecher den Sand zwischen die Zähne kriegten, was ja niemand gern hat, ließen sie sofort locker und purzelten rücküber in den Staub, welcher sie dermaßen austrocknete, daß sie bald zehnmal dünner waren als vorher und tot obendrein.

Währenddem saß mein Schmetterling auf seinem Schilfstengel, als wollt er daselbst in aller Ruhe den Rest seiner Tage verleben mit voller Pension.

Schnell zog ich mich an und eilte in den Wald, um mir einen dürren handlichen Ast zu holen. Einer lag da, der war ganz morsch; ein zweiter lag da, der war mir zu zackicht; ein dritter saß noch am Baume fest. Ich hätte übrigens gar nicht so stark dran zu reißen brauchen, denn schon beim ersten Ruck gab er nach, so daß ich mit unerwarteter Geschwindigkeit auf den zweiten zackichten zu sitzen kam, der glücklicherweise ebenso morsch war wie der erste.

In der Hand den erwählten Knittel, lief ich nun unverzüglich an den Teich zurück, um durch einen wohlgezielten Wurf den hinterlistig geruhsamen Schmetterling aus seiner Sicherheit aufzuscheuchen. Sein Platz stand leer. Ich legte mich hin, wo ich stand, und schlief sofort ein, trotz meines Ärgers und des vernehmlichen Gebells meines unbefriedigten Magens.

Ausnahmsweise recht früh, schon im Laufe des Vormittags, erwacht ich. Nachdem ich mir das Zwetschenmus, das inzwischen zu einer harten Kruste erstarrt war, mit Sand aus dem Gesichte gerieben, denn ich zog doch eine Reinigung auf trokkenem Wege einer solchen mit dem Wasser des verdächtigen Teiches vor, begab ich mich auf die Suche nach einem Rübenacker, wo ich zu frühstücken gedachte. Ich fand einen Landmann dasitzend, der eben sein Sacktuch aufknüpfte und für den Morgenimbiß ein erhebliches Stück Speck entwickelte. Sofort sammelte sich in meiner Mundhöhle die zur Verdauung so nützliche Feuchtigkeit. Ich bot ihm drei Kreuzer, wenn er mir was abgäbe. Er tat's umsonst, fügte noch eine knusprige Brotrinde hinzu und wünschte mir gute Verrichtung.

Munter dreinhauend spaziert ich weiter. Den letzten Rest der Mahlzeit, nämlich die treffliche, zähe, salzige Schwarte, schob ich hinter die Backenzähne, so daß ich die Freude hatte, noch eine Zeitlang dran lutschen zu können.

Dicht vor einem Dörflein begegneten mir zwei unbeschäftigte Enten, die lediglich zum Zeichen ihres Vorhandenseins durchdringend trompeteten. Da ich nunmehr die Schwarte bis aufs äußerste ausgebeutet hatte, nach menschlichen Begriffen, warf ich sie hin. Die geistesgegenwärtigste der zwei Schnattertaschen erwischte sie und eilte damit, vermutlich weil sie nichts abgeben wollte, durch das Loch einer Hecke. Die zweite, die wohl auch keinem andern was gönnte, wackelte emsig hinterher. Ich, natürlich, als Naturbeobachter, legte mich auf den Bauch und steckte den wißbegierigen Kopf durch die nämliche Öffnung. Mir gegenüber, an einer gemütlichen Pfütze, sah ich zwei Häuschen stehn, und jedes Häuschen hatte ein Fenster, und hinter jedem Fenster lauerte ein Bub, ein roter und ein schwarzhaariger, und vor jedem Häuschen erhob sich ein beträchtlicher Düngerhaufen, und auf jedem Düngerhaufen stand ein Gockel, ein dicker und ein dünner, inmitten seiner Hühner, die eben ihre Scharrtätigkeit unterbrachen, um gespannt zuzusehn, was die zwei Enten da machten.

Vergebens bemühte sich die erste, durch Druck und Schluck die Schwarte hinter die Binde zu kriegen; sie war grad so um ein Achtelzöllchen zu breit. Hiernach durfte die zweite, die mit neidischer Ungeduld dies Ergebnis erwartet hatte, ans schwierige Werk gehn. Schlau, wie sie war, tauchte sie das widerspenstige Ding zuerst in die Pfütze, um's glitschig zu machen, und dann streckte sie den Schnabel kerzengrad in die Höhe und ruckte und zuckte; aber es ging halt nicht; und dann kehrten die beiden Enten kurz um und rüttelten verächtlich mit den Schwänzen, als sei ihnen an der ganzen Sach überhaupt nie was gelegen gewesen.

Kaum hatten dies die Hühner erspäht, so rannten sie herbei und versuchten gleichfalls ihr Glück, eins nach dem andern, wohl ihrer zwanzig; indes alle Hiebe und Stöße scheiterten an der zähen Hartnäckigkeit dieser Schwarte. Zuletzt kam ein munteres Schweinchen dahergetrabt und verzehrte sie mit spielender Geläufigkeit; und so blieb sie doch in der Verwandtschaft.

Während dieser Zeit hatten sich die beiderseitigen Gockel unverwandt angeschaut mit teuflischen Blicken; ohne Zweifel, weil sie sich schon lange nicht gut waren von wegen der Damen. Plötzlich krähte der Dicke im Cochinchinabaß: »Kocke-ro-koh!«

Dieser verhaßte Laut gab dem Dünnen einen furchtbaren Riß. Mit unwiderstehlichem Vorstoß griff er den Dicken so heftig an, daß sich dieser aufs Laufen verlegte um die Pfütze herum. Der Dünne kam nach. Gewiß zehn Minuten lang liefen sie Karussell; bis der Dicke, dem vor Mattigkeit schon längst der Schnabel weit offen stand, unversehens unter Aufwand seiner letzten Kräfte seitab auf das Dach flog, wo er ein mächtiges »Kockerokoh!« erschallen ließ, damit nur ja keiner glauben sollte, er hätte den kürzeren gezogen.

Sofort schwang sich der Dünne auf den Gipfel des feindlichen Düngerhaufens; jedenfalls mit der Absicht, von dieser Höhe herab durch ein durchdringendes Kickerikih! im Tenor der Welt seinen Sieg zu verkünden.

Ehe er noch damit anfangen konnte, sah er sich veranlaßt, laut krächzend in die Höhe zu fliegen.

Der rothaarige Knabe, heimlich heranschleichend mit der Peitsche, versetzte ihm einen empfindlichen Klaps um die mageren Beine. Aber schon, aus dem Nachbarhaus, war der Schwarzkopf mit einer Haselgerte als Rächer des seinerseitigen Gockels herbeigekommen und erteilte dem Rothaarigen, grad da, wo die Hose am strammsten saß, einen einschneidenden Hieb. Hell pfiffen und klatschten die Waffen. Man wurde intimer; man griff zu Haar und Ohren; man wälzte sich in die Pfütze; aus dem Kampf zu Lande wurde ein Seegefecht. Für mich ein spannendes Schauspiel. Ich war so begeistert, daß ich ermunternd ausrief: »Fest, fest! Nur nicht auslassen!«

Im selben Augenblick ruhte der Streit. Mein Kopf wurde bemerkt; eilig zog ich ihn zurück. Aber sogleich waren die Schlingel hinter mir her. Sie warfen mich mit Erdklößen; ich drehte mich um und ermahnte sie, artig zu sein; sie schimpften mich Stadtfrack! Ich verwies sie ernstlich zur Ruhe, und nun schrien sie »Haarbeutel! Haarbeutel!«, als ob ich betrunken wäre. Schleunige Flucht schien mir ratsam zu sein. Bald war ich weit voraus. Im Gehölz fand ich einen Baum, der von oben her hohl war. Umgehend saß ich drin, wie der Tobak im Pfeifenkopf, nicht zu fest und nicht zu locker.

106

Zwar die bösen Knaben folgten mir und kicherten und flüsterten sogar noch eine Zeitlang um den Baum herum; aber ich war ihnen zu schlau gewesen, denn ohne mich weiter zu belästigen zogen sie ab.

Mein Platz schien mir so recht geeignet zum Übernachten, und eben war ich im Begriff, recht behaglich zu entschlummern, als ich unten was krabbeln fühlte.

»Zapperment!« dacht ich gleich. »Dies sind Ameisen.«

Schleunig sucht ich mich emporzuarbeiten, um mir eine anderweitige Schlafstelle zu suchen; aber der Frack unterhalb mußte sich festgehakt haben und ließ mich nicht hochkommen, und ausziehn konnt ich ihn auch nicht, denn der Spielraum für die Ellenbogen war zu gering.

Indem, so hört ich Stimmen. Wie ich durch einen Spalt bemerken konnte, waren es zwei Kerls, die einen Esel am Strick hatten. Sie banden ihn an einen Ast dicht vor meiner Nase.

»Haha!« lachte der eine. »Den hätten wir ihm mal listig wegstibitzt.«

»Wird keine Sünd sein!« meinte der andere. »Der alte Schlumann hat Geld wie Heu.«

Dann öffneten sie ihren Quersack, setzten sich und fingen an, fröhlich zu Nacht zu essen.

Unterdes hatten die Ameisen ihre Heerscharen vollzählig entwickelt. Sie krabbelten nicht bloß, sie zwickten nicht bloß, nein, sie ätzten mich auch mit ihrer höllischen Säure, und zwar an den empfindlichsten Stellen. Alle sonstigen Besorgnisse beiseite setzend, brüllte ich um Hülfe.

Die Spitzbuben, aufs äußerste erschreckt durch diese gräßlichen Laute, um so mehr, als sie kein gutes Gewissen hatten, flohen eilig, ohne den Esel erst loszubinden, in das tiefste Dickicht des Waldes hinein. Ich schrie unaufhörlich, und der Esel fing auch an.

In diesem Augenblick kam ein Mann mit einer Laterne. Er streichelte den Esel und beleuchtete ihn von allen Seiten, und dann beleuchtete er auch mich in meiner Bedrängnis.

»Komm hervor aus dem Rohr!« sprach er ernst.

»Der Frack, der Frack!« schrie ich. »Der leidts halt nicht.«

»Da werden wir mal nachsehen!« sprach er gelassen. »Ja, dies ist erklärlich; denn hier aus dem Astloch steht er heraus, zu einem Knoten verknüpft, und ein Stäbchen steckt als Riegel dahinter.«

»Das haben die verdammten Bengels getan!« rief ich entrüstet.

Es war die höchste Zeit, daß ich loskam. Wie ein Pfropfen aus der Flasche flog ich zum Loch heraus, und der alte Schlumann, denn der mußt es sein, brach einen Zweig ab und klopfte mich aus, wie ein Sofakissen, wo die Motten drinsitzen.

Er trug Rohrstiefel, einen Staubmantel von Glanztaft und einen breitkrempigen Hut. Es war ein ansehnlicher Herr von fünfzig bis sechzig Jahren mit graumeliertem Bart und Augen voll ruhiger Schlauheit. Wohlwollend grüßend, bestieg er seinen Esel, ermunterte ihn mit den Worten: »Hü, Bileam!« und ritt langsam in der Richtung des Dorfes fort.

Die Diebe hatten unter anderm ein kaltes Hähnchen zurückgelassen. Ich ging damit abseits, verzehrte es, wühlte mich in trockenes Laub, legte mich aufs Gesicht, damit mir nicht wieder was in den Mund fiel, und schlief unverzüglich ein.

Es mochte halbwegs Mittag sein, als ich durch ein empfindliches Schmerzgefühl an beiden Seiten des Kopfes geweckt wurde. Zwei Schweine waren eben dabei, mir die Ohren, die sie vermutlich für Pfifferlinge hielten, vom Kopfe zu fressen, hatten aber erst ganz wenig heruntergeknabbert. Im Kreise um mich her wühlte die übrige Herde.

Der Hirt, ein kleiner alter Mann mit einem dreieckigen Hut,

strickte an einem blauen Strumpfe; und bei diesem treuherzigen Naturmenschen beschloß ich mich noch mal ernstlich zu erkundigen, ob er nicht wüßte, wo die Stadt Geckelbeck läge.

Das, sagte er, könnte er mir ganz genau sagen, denn vor dreißig Jahren hätte er dort mal siebzehn Ferkel gekauft, und sie wären auch alle gut eingeschlagen bis auf eins, das hätten die andern immer vom Troge gebissen, und da hätt es vor lauter Hunger am Montag vor Martini einen zinnernen Löffel gefressen und am Dienstag eine Kneipzange und am Mittwoch dem Sepp sein Taschenpistol, den Lauf zuerst, und wie es an dem Zündhütchen geknuspert hätte, wär der Schuß losgegangen, mitten durch die inneren Teile und noch weit hinten hinaus.
»Seht!« fuhr er fort. »Dort zwischen den Bäumen hindurch, grad wo ich mit diesem Strickstock hinzeige, da liegt Dösingen, und zwei Stunden hinter Dösingen kommt Juxum, und dann kommt sechs Wochen lang nichts, und dann kommt der hohe Dumms, wo's oben immer so neblig ist, und von da sieht man erst recht nichts, und – –«
»Danke, lieber Mann!« unterbrach ich ihn. »Und, bitte, haltet Euch bedeckt!«
Hierbei trieb ich ihm mit der flachen Hand seinen dreieckigen Hut über Nase und Ohren, und als er schimpfen wollte, konnte er es nicht, weil ihm die Nase über das Maul gerutscht war.
Als ich den Wald verließ, lag die angenehmste Landschaft vor mir ausgebreitet; Wiesen, von Hecken umgeben; ein See; ein Dorf im Dunst der Ferne. Die Nacht war schwül gewesen; der Tag wurde es noch mehr. Die Schwalben flogen tief; und eine graue Wolke, wie ein Sack voll Bohnen, stand lauernd am Horizont. Die Sonne verfinsterte sich; ein Schatten machte sich über der Gegend breit; die Wolke, nunmehr mit einer langen gelblichen Schleppe geziert, war drohend heraufgestiegen. In ihrem Innern grollte es bereits; ein Wind erhob sich, und dann kam rauschend und prasselnd die ganze Bescherung.
In der Wiese, wo ich mich befand, war Heu gemacht; an der Hecke bemerkt ich eine kleine Hütte von Zweigen; ich schlüpfte spornstreichs hinein.

So geht's, wenn man nicht erst zusieht! Ich fiel direkt in zwei offene Weiberarme und wurde auch umgehend so heftig gedrückt und abgeküßt, daß ich, der so was nicht gewohnt war, in die peinlichste Angst geriet.

»Hö! Hö!« schrie ich aus Leibeskräften. »Satan, laß los!«
Gleichzeitig schlug ein blendender Blitz in den nächstliegenden Heuhaufen, und ein Donnergepolter folgte nach, als wäre das Weltall von der Treppe gefallen.
Meine zärtliche Unbekannte ließ mich los und sprang vor die Hütte.
»Ätsch! Fehlgeschossen! Hier saß ich!« rief sie spottend in die Wolken hinauf, und dann tanzte sie lachend um den brennenden Heuschober.
Die blitzenden Zähne; das schwarze Haar, durchflochten mit goldenen Münzen; unter dem grauen, flatternden Röcklein die zierlichen Füße; dies alles, kann ich wohl sagen, schien mir äußerst bemerkenswert.
Mit dem letzten Krach war das Wetter vorübergezogen. Vergnüglich und unbefangen, als sei zwischen uns beiden nichts vorgefallen, setzte sich das Mädel wieder zu mir in die Hütte. Sie machte die Schürze auf. Es waren gedörrte Birnen drin, meine Lieblingsfrüchte, und als ich sie essen sah, wollt ich auch zulangen. Aber jedesmal kniff sie die Knie zusammen, zischte mich an und gab mir neckisch einen Knips vor die Nase. Schließlich erwischt ich doch eine beim Stiel. Sofort krümmte sich diese Birne und biß mich in den Finger, daß das Blut herausspritzte. Ich hatte eine Maus beim Schwanze. »Au!« rief ich und schlenkerte sie weit weg. »Wart, Hex, jetzt krieg ich dich!«

110

Aber schon war die hübsche Zauberin aufgesprungen und hatte mir sämtliche Birnen vor die Füße geschüttet. Dies Mäusegekrabbel! Die meisten liefen weg; nur eine war mir unter der Hose hinaufgeklettert, das Rückgrat entlang, bis an die Krawatte, wo sie nicht weiterkonnte, und nagte hier wie verrückt, um herauszukommen, und bevor ich mich noch ausziehen konnte, hatte sie auch schon, wie sich später zeigte, ein zirkelrundes Loch durch Hemd, Weste und Frack gefressen.

Als ich mich von dieser Aufregung wieder einigermaßen gesammelt hatte, sah ich mich um nach dem Blitzmädel, der Hexe; denn ich hatte Mut gefaßt und wollte ihr mal recht ins Gewissen reden von wegen der Zauberei, und darnach, so nahm ich mir vor, wollte ich ihr zur Strafe für ihre Schändlichkeit einige herzhafte Küsse geben. Ich suchte und suchte, in der Hütte, in der Hecke. Nichts Lebendiges war zu bemerken, außer ein Laubfrosch, ein Zaunigel, viele Maikäfer und der Schwanz einer silbergrauen Schlange, die grad in einem Mausloch verschwand.

Weiterhin schlich der Jägernazi herum, als ob er was verloren hätte. Er sah recht verstört aus und ging an mir vorbei, ohne mich zu beachten.

Auch ich war etwas trübselig geworden; denn nicht nur spukte mir das Mädel im Schädel, sondern als ich Frack, Hemd und Weste ablegte, um den Mäuseschaden zu besichtigen, fehlte mir auch mein goldenes Medaillon, das ich bisher immer so sorgsam bewahrt hatte.

Nach dem Gewitter hatte sich die Luft empfindlich abgekühlt, so daß mir abends die Zähne im Munde klapperten. Daher schien es mir ratsam, mich nach einem Quartier umzusehn, wo ich unter Dach und Fach übernachten konnte. Ich versteckte mein Netz, näherte mich einem einsamen Bauernhofe und besah die Gelegenheit. Aus einer offenen Luke im Giebel hing Stroh heraus; eine Leiter stand davor. Zu Nacht, als alles still geworden, stieg ich hinauf. Es war ein einfacher Bretterboden. Ich machte mich so leicht wie möglich. Kracks! da brach ich schon durch.

Ich fiel weich, auf ein Bett, wie ich merkte. Aha! dacht ich. Das trifft sich gut! Dies ist sicher die Fremdenkammer! und wollte mir's bequem machen. Aber neben mir rührte sich was.

»Kunrad!« rief eine Weiberstimme. »Kunrad, der Sack ist durch die Decke gefallen.«

»Dummheit! Du träumst! Dreh dich um!« gab eine schläfrige Männerstimme zur Antwort.

»Kunrad!« kreischte die Frau. »Der Sack hat Haare auf dem Kopf!!«

»Ich komm schon!« klang's munter aus dem anderen Bette herüber.

Es schien mir nicht ratsam, noch länger zu verweilen. Ich trat klirrend in ein Gefäß voll Flüssigkeit; ich tappte mit den Händen in fünf, sechs offene Mäuler. Die Kinder heulten, die Frau schrie: »Ein Dieb! Ein Dieb!« und der Bauer fluchte und schwur, daß er ihn schon kriegen und durch und durch stechen wollte, wenn er nur gleich einen Säbel hätte. Zum Glück fand ich eine Tür, die in den Nebenraum führte. Hier kriegt ich den Kopf einer Kuh zwischen die Arme, und als ich das haarige Gesicht und die zwei harten Hörner fühlte, erschrak ich und dachte schon, es sei der kräftige Knecht mit der Heugabel. Das bekannte Hamuh! gab mir die Besonnenheit zurück. Ich sprang aus der Klappe und schlich mich hinter dem Schweinstall herum durch den Gemüsegarten ins Feld. Alles was Stimme hatte war wach geworden; Hund, Hühner, Schweine, Kühe, Ziegen und Gänse; aber am längsten hört ich noch die leidenschaftlichen Äußerungen der Familie, die aus weitgeöffneten Mäulern und Fenstern hinter mir herschimpfte.

Ohne erst mein Netz zu holen, lief ich und lief ich die halbe Nacht hindurch, bis ich einen Teich erreichte, in dessen Nähe ein Mühlrad rauschte.

Schön gelb und rund, gleich dem Eierkuchen in der Pfanne, ehe er völlig gereift ist, schwebte der Mond im Himmelsraum.

Ich war ungemein wach und warm geworden. So setzt ich mich denn auf das Wehr und hörte zu, was sich die Frösche erzählten, die ihre gesellige Unterhaltung, worin sie durch meine Ankunft gestört waren, alsbald wieder anknüpften.

»Frau Mecke! Frau Mecke!« fing die eine Fröschin zur andern an. »Was ba-backt Ihr denn morgen?«

»Krapfen! Krapfen! Frau Knack!« entgegnete die Frau Mecke.

»Akkurat mein Geschmack!« quackte die Frau Knack.

Und kaum, daß sie diese Ansicht geäußert hatte, so stimmten sämtliche Frösche ihr bei und erklärten laut und einstimmig, die Frau Knack-ack-ack-ack hätte den wahren Geschmack-ack-ack-ack, und da blieben sie bei und hörten nicht auf, bis ich gegen Morgen einen dicken Stein holte und mitten ins Wasser plumpste.

Inzwischen hatt ich allerlei in Erwägung gezogen. Durch die vorwiegend pflanzliche Nahrung war meine Natur doch sehr merklich ermattet. Auch bedurfte meine Wäsche, die nur aus 1/12 Dutzend Hemden und 1/12 Dutzend Paar Strümpfen bestand, recht dringend der Ergänzung. Daher beschloß ich, mir in der Mühle einen Dienst zu suchen.

Auf meine Anfrage, ob's nichts zu flicken und zu stopfen gäbe, gab der Müller die freudige Antwort:

»Nur herein, mein Sohn; es ist ein gesegnetes Mäusejahr; kein Sack ohne Löcher!«

Drei Wochen lang hantiert ich emsig mit Nadel und Zwirn; aber die sitzende Lebensweise gab mir auch die beste Gelegenheit, in aller Stille an die reizende Hexe zu denken und allerlei Pläne zu schmieden, wie ich sie wieder erwischen könnte.

Unwiderstehlich erwachte die Wanderlust; die Beine fingen an zu zappeln, wie fleißige Weberbeine, und eines schönen Morgens stand ich reisefertig da, mit einem neuen Netz in der Hand, und sprach:

»Meister! Ewig können wir nicht beieinander sein. Gehabt Euch wohl!«

Nachdem ich meinen Lohn erhalten, spaziert ich mit munteren Schritten den Bach entlang. Ich war ordentlich plus und prall geworden. Und pfeifen tat ich, und zwar schöner als je, denn grad durch das ärgerliche Loch, was mir der Strolch in die Zähne geworfen, bracht ich nun die kunstvollsten Töne hervor.

Die Landschaft, in die ich zuerst gelangte, sah sehr einförmig aus. Die Kartoffeln standen gut; indes ungewöhnlich viele Schnecken gab es daselbst, die, wie mir schien, noch viel langsamer krochen als anderswo.

Bald erreichte ich ein idyllisches Dörflein. Alle Häuser hingen gemütlich schief auf der Seite; desgleichen die Wetterhähne auf den Dächern. Auf den Türschwellen im warmen Sonnenschein hockten die Mütter und besahen so beiläufig den Kindern die Köpfe, während die Mannsbilder draußen auf der Bank saßen und versuchten, in dieselbe Stelle zu spucken, was, wenn es gelingt, ja den Ehrgeiz befriedigt. Nur einer machte sich etwas Bewegung auf der Gasse. Er ließ seinen Stock fallen. Mühsam und seufzend hob er ihn auf; aber dann ging er auch gleich ins Wirtshaus zu seiner Erholung.

Ein Dickwamps sah schläfrig zum Fenster heraus.

»Ihr da, mit dem Dings da!« sprach er mich an. »Ihr könntet mir zu etwas behülflich sein.«

Ich trat ins Haus. In langgedehnter, zähflüssiger Rede tat er mir kund, um was es sich handelte: Er hätte eine Kanarienvogelhecke oben unter dem Dach, die möchte er gern, von wegen des lästigen Treppensteigens, nach unten verlegen, aber das Viehzeug, um es einzufangen, sei gar zu flüchtig für ihn, und da wär ich mit meinem Netz grad recht gekommen.

Ich stieg voran die Treppe hinauf. Er ließ sich nachschleppen, indem er meine Frackschöße erfaßte, und es wundert mich nur, daß dieselben bei der Gelegenheit nicht ausgerupft und entwurzelt sind. Trotzdem, als wir die Dachkammer erreichten, mußte ich ihm erst lange den Rücken klopfen, bis er wieder zu Atem kam; so dick war der Kerl.

Mit Leichtigkeit, vermittels meines Netzes, erhascht ich sämtliche Vögel, es mochten ihrer zwanzig bis dreißig sein, und steckte sie in einen Beutel, den ich auf einen Stuhl niederlegte. Nur ein altes schlaues Weibchen konnt ich noch immer nicht kriegen.

Der Dicke, der starr und träge zugesehn, wie ich so herumfuchtelte, mochte davon wohl etwas schwindlig und müde geworden sein. Mit dem Seufzer Achja! ließ er sich in voller Sitzbreite auf den Stuhl niedersinken, wo der Beutel drauf lag. Keinen Ton gaben sie von sich, die armen Vöglein. Er merkte auch nichts, sondern saß friedlich da mit halbgeschlossenen Augen, und als ich ihm ängstlich mitteilte, daß fast sein ganzer Singverein unter ihm läge, sprach er langsam und seelenruhig:

»Dann pfeifens' nimmer, das weiß ich gewiß!«

»Na!« rief ich. »So bleibt meinetwegen sitzen bis Ostern übers Jahr. Wünsch angenehme Ruh!« Das alte Kanarienweibchen hatte sich ihm frech auf den Kopf gesetzt und pickte an dem Quast seiner Zipfelmütze. So verließ ich die zwei.

Am Ende des Orts war ein stattlicher Neubau im Werden. Drei Zementtonnen lagen da; aus zwei derselben schaute je ein Paar Stiefel hervor. Ein einziger Maurer stand auf der Leiter mit dem Lot in der Hand und visierte lange mit großer Genauigkeit. Hierbei entglitt ihm die Schnur. Langsam stieg er herab; langsam wickelte er sie auf; langsam stieg er wieder nach oben. Als er bis zur Mitte der Leiter emporgeklommen, entfiel ihm das Lot zum zweiten Male. Er nahm eine Prise, sah in die Sonne, wartete fünf Minuten vergeblich auf die Wohltat des Niesens, stieg langsam herab, machte Schicht, und alsbald schaute auch aus der dritten Tonne ein Paar Stiefel hervor.

Um alles dies mit Muße in Betrachtung zu ziehn, hatt ich auf einem Steinhaufen Platz genommen. Ein Hausierer, der einen Packen mit Wollwaren trug, setzte sich zu mir.

»Merkwürdiger Ort, dies Dösingen!« fing er an. »Den Flachsbau haben sie längst aufgegeben; war ihnen zu langwierig; flicken die Schweinställe mit den Hecheln, die Zacken nach innen gekehrt; Rüsseltiere wühlten sonst immer die Wände durch; Gänsezucht vorherrschend jetzt, der Bettfedern wegen. Bequeme Leute; wenn sie gähnen, lassen sie meist gleich das Maul offen fürs nächste Mal. Hier verkauf ich die meisten Nachtmützen.«

»Was wird denn das für ein Haus da?« fragt ich.

»Trottelheim. Der reiche Schröpf läßt's bau'n, der Klügste im

115

ganzen Dorf, seit er das große Los gewann. Diese wohltätige Anstalt, pflegt er zu sagen, ist nicht bloß für andere, sondern eventuell auch für mich, nach meinem Tode natürlich; denn, sagt er, wenn man auch als gescheiter Kerl stirbt, man weiß nie, ob man nicht als Trottel wieder auflebt.«

Der Hausierer erhob sich. Ich erhob mich gleichfalls und fragte ihn, wie das nächste Dorf hieße.

»Juxum!« gab er zur Antwort. »Lustiges Nest!«

Schon von weitem konnte man sehn, daß es ein fröhliches Dörfchen war. Die Saaten standen üppig; auf jeder Blume saß ein Schmetterling; in jedem Baum saß ein zwitscherndes Vöglein; rot schimmerten die Dächer und hellgrün die Fensterläden.

Ein munterer Greis gesellte sich zu mir. Auf meine Frage, wie er es angefangen, so alt zu werden, erwiderte er schmunzelnd: »Regelmäßig weiterleben ist die Hauptsache. Ich esse, trinke, schlafe regelmäßig, und wenn meine Frau stirbt, so heirate ich regelmäßig wieder. Jetzt hab ich die fünfte. Ich bin der Bäcker Pretzel. Dort liegt das Wirtshaus. Gleich komm ich nach.«

Auf Grund meiner Ersparnisse in der Mühle konnt ich mir schon was erlauben. Ich kehrte ein. Da der lange Stammtisch, bis auf den Ehrenplatz, schon besetzt war, drückt ich mich auf die Bank hinter der Tür.

»Frau Wirtin!« sprach ich bescheiden. »Ich hätte gern ein Butterbrot mit Schlackwurst.«

»Schlackwurst? Das glaub ich schon. Schlackwurst ist gut!« rief laut lachend die dicke Wirtin. »Aber unsere Schlackwurst, mein Schatz, die essen wir selber!«

Dieser Scherz erregte bei der anwesenden Gesellschaft das herzlichste Gelächter. Alle bestätigten es, daß die Schlackwurst sehr schmackhaft, ja, die Königin unter den Würsten sei. Da die Wirtin ferner erklärte, sie habe es sich zur Regel gemacht, auch ihre Butter lediglich selbst zu genießen, so mußt ich mit einem Stück Hausbrot und einem kleinen Schnapse vorliebnehmen.

Die Schwarzwälder Uhr hakte aus, um fünf zu schlagen.

»Gleich wird Bäcker Pretzel kommen!« bemerkte die Wirtin. »Seit nun bereits fünfzig Jahren, präzis um Schlag fünf, setzt er sich hier auf seinen Platz und trinkt regelmäßig seine fünf Schnäpse.«

»Das ist wie mit den ewigen Naturgesetzen!« erklärte der schnauzbärtige Förster. »Nicht wahr, Herr Apotheker?«

»Jawohl!« bestätigte dieser. »Man weiß, wie's war, also weiß man, wie's kommt. Was sagt Ihr dazu, Küster?«

»Tja tja tja!« sprach der bedenkliche Küster. »Ich hoffe, es gibt Ausnahmen von der Regel. Seit fünfzig Jahren hab ich sechzig Taler Gehalt; vielleicht – –«

»Ah drum!« lachten alle.

Die Uhr schlug fünf. Es faßte wer draußen auf die Türklinke.

»Hurrah!« hieß es. »Da kommt Pretzel. Jetzt wird's lustig!«

Die Tür ging auf. Ein Bäckerjunge trat ein und teilte mit, daß der alte Pretzel soeben gestorben sei.

Auf einen Augenblick des Schweigens folgte ein allgemeines Gelächter. Man lachte über sich selber, daß man so dumm gewesen war zu glauben, es gäbe was Gewisses in dieser Welt, und am End, meinte man, hätte der Küster doch vielleicht recht gehabt.

Am heftigsten lachte ein grau gekleideter Gast, so heftig, daß er ins Husten kam.

»Na freilich!« rief man. »Bäcker Prillke kann wohl lachen; jetzt hat er die Kundschaft allein.«

Die Fröhlichkeit steigerte sich noch, als jetzt im Nebensaal ein Klarinettenbläser und eine Harfenistin sich hören ließen. Die Burschen und Dirnen aus der Nachbarschaft drängten herein; bald wogte der Tanz; ich kriegte auch Lust dazu. Besonders eins von den Mädeln konnt ich nicht aus den Augen lassen; denn obgleich sie ein Kopftuch bis fast auf die Nase trug, kam es mir doch so vor, als müßte es die reizende Zauberin sein, die mich letzthin so empfindlich ge- neckt hatte. Beim nächsten Walzer schwang ich mich mit ihr im Kreise herum.

»Meinst, ich kenn dich nicht?« sprach ich flüsternd. »Du bist 'ne Hex. Aus Hutzelbirnen kannst Mäuse machen.«

»Haha!« lachte sie. »Das ist wohl meine Bas aus dem Gebirg. Die kann Künste. Aber gib acht. Lucindili heißt sie, wer kein Geld hat, den beißt sie.«

Mein anmutig schwungvolles Tanzen, mein flatternder Schniepel, das rote Sacktüchel weit hinten hinaus, hatten indes ein freudiges Aufsehen erregt. Der Walzer ging zu Ende. Aufgeregt und übermütig warf ich den Musikanten ein Guldenstück zu, damit sie mir extra eins aufspielten. Aber als ich mich umsah nach dem Blitzmädel, hopste sie bereits dahin, umschlungen von dürren Armen eines kleinen putzigen Kerlchens mit Buckel hinten und Buckel vorn, die Weste gepflastert mit Silbermünzen, die Finger voll goldener Ringe und puppenlustig die Beine schlenkernd. Das wurmte mich. Ich trank zwei Schnäpse hintereinander und fing Krakeel an. Zwei Minuten später flog ich draußen, zu allgemeinem Vergnügen, sehr rasch die Treppe hinunter.

Anstatt mich nun alsbald so weit wie möglich von diesem lustigen Orte zu entfernen, stellt ich mich hinter den Zaun und paßte auf, bis das Mädel nach Hause ging. Es war schon Abend geworden, als sie kichernd über die Straße eilte, das Buckelmännchen dicht hinter ihr. Gleich drauf machte sie Licht im Haus gegenüber, oben am offenen Fenster. Schmachtend blickte ich hinauf. Sie sah mich stehn, so schien's, und winkte mir zu.

Schnell nahm ich einen Schubkarren, der dienstwillig dastand, richtete ihn an die Mauer, kletterte hinauf und streckte meine Arme über die Fensterbrüstung, um einzusteigen. Es war eins von jenen niederträchtigen Schubfenstern, die man von oben herunterläßt. Mit Gerassel fiel es zu; die Scheibe, dicht vor meinem Gesicht, sprang klirrend entzwei; ein Pflock wurde vorgeschoben; ich saß mit beiden Armen fest bis über die Ellenbogen.

»Er sitzt in der Klemme! Lauf, Cindili, und sag Bescheid, daß sie kommen!«

Dies rief eine heisere Männerstimme; und wenn meine Lage an sich schon ängstlich genug war, so wurde sie jetzt gradezu peinlich, als ich zu meinem Schrecken bemerkte, daß aus dem Hintergrunde des Zimmers mein bucklichter Nebenbuhler höhnisch grinsend, mit dem Talglicht in der Hand, auf mich zukam.

»Du Leichtfüttig!« rief er und leuchtete mir in die Augen. »Du Mädchenverführer! Was denkst du dir nur, du abscheulicher Racker?«

Unterdes hatte er einen Korkstöpsel in die Flamme gehalten und machte mir damit erst mal einen schwarzen glühendheißen Schnauzbart von einem Ohr bis zum andern, und dann hielt er mir das Licht unter die Nase, daß sie darin lag wie ein Lötkolben, was sehr weh tat. Aber das Schlimmste kam erst noch, denn jetzt kriegte er seine große Horndose aus der Tasche und rieb mir zwei tüchtige Portionen Schnupftabak in die Naslöcher, so daß ich fürchterlich niesen mußte, und dabei stieß ich mit meiner armen Nase fortwährend auf den harten Fensterrahmen, bis ich schließlich nicht mehr wußte, ob's Sonntag oder Montag war.

Inzwischen ging hinter mir auf der Gasse ein Kichern und Gemurmel los, und nicht bloß dies. Ein Klatschhieb nach dem andern fiel tönend auf meine gespannte Rückseite, darunter mancher von bedeutender Kraft; und Kniffe waren auch dabei, vermutlich von Weibern. Und dann hieß es: He, Philipp! He, Christoph! Herbei mit dem Pusterohr!

Ach, wie empfindlich stach das, wenn diese spitzen Geschosse, phütt! phütt! so plötzlich sich einbohrten in meine strammen Gesäßmuskeln, die durch die leichte Bekleidung so gut wie gar nicht geschützt waren.

Und jetzt erhob sich ein allgemeines Freudengeschrei: »Apotheker Pillo kommt mit dem Feuerwerk!«

Sie zogen mir den Schubkarren unter den Füßen weg. Bei prachtvoller bengalischer Beleuchtung, bald rot, bald grün, hing ich strampelnd an der Wand herunter.

Erst als das Feuerwerk sich seinem Ende nahte, schob man das Fenster hoch. Ich tat einen harten Fall; ich war geneigt zu harten Worten; aber die Genugtuung, mich ärgerlich zu sehn, wollt ich dem Publikum doch nicht bereiten; daher rappelt ich mich flink auf und verließ sorglos tänzelnd, im lustigsten Hopserschritt, den Schauplatz meiner Qual und Beschämung. Die heiteren Bewohner von Juxum sandten mir ein tausendstimmiges Bravo! nach.

Zur dauernden Erinnerung an dies Erlebnis hab ich die rote

119

geschwollene Kartoffelnase behalten, die verdächtig genug aussieht, obgleich ich seit jenem Tanzvergnügen den Schnapsgenuß immer sorgfältig vermieden habe. Was die anderseitigen Verletzungen anbelangt, so haben sie, so sehr dies zu befürchten stand, doch auf meine spätere Sitzfähigkeit keinen nachteiligen Einfluß ausgeübt.

Nachdem ich in dem nunmehr eifrigen Bestreben, das lustige Juxum baldmöglichst weit hinter mir zu lassen, die ganze Nacht durch auf den Beinen geblieben, gelangt ich bei Sonnenaufgang in ein schattiges Waldgebirge.
Vor einer kleinen Höhle stand ein knorriger Baum. In ziemlicher Höhe, an einem langen Aste desselben, hatte sich einer aufgehängt. Da er das linke Bein noch rührte, kletterte ich mit einiger Mühe und Gefahr nach oben, kriegte mein Messer heraus und schnitt eilig den Strick ab.
Der Unglückliche, der sich durch Verlängerung des Halses sein Leben zu verkürzen gedachte, war noch elastisch und hüpfte daher, als er den Boden berührte, ein paarmal auf und nieder, ehe er umfiel. Bei näherer Besichtigung fand ich, es war der Jägernazi, der Schlangenfreund, der mir ehemals einen so empfindlichen Stoß unter die Rippen versetzte.
Ohne Groll und ohne Zögern jedoch macht ich mich dran, ihn in den verlorenen Zustand eines bewußten Vorhandenseins wieder zurückzubringen. Ich knöpfte ihm die Joppe auf; ich knetete ihm mit Händen und Füßen die Magengegend; ich kitzelte und feilte mit einer stachligen Brombeerranke seine lange weiße Nase; ich holte groben Kies und eine Handvoll Ginster und schabte ihm Brust, Hals und Angesicht, um die erlahmten Gefühle zu reizen und aufzumuntern. Endlich hatte ich Erfolg. Mit den schmerzlich hingehauchten Worten: Oh, Schlange! riß er die Augen auf, setzte sich, befühlte seine Kehle, nieste, spuckte aus und sah mich lange schief, aber scharf, von der Seite an. Jeden Augenblick erwartete ich einen Ausbruch seiner Dankbarkeit gegen mich, der ihm so mühsam das Leben gerettet. Aber ich irrte sehr.
»Malefiztropf!« plärrte er mir entgegen. »Nie meiner Lebtag

hab ich mich so gut unterhalten, wie diese letzten zehntausend Jahre, als ich nirgends zugegen war; und da geht der Narr her und verleidt und zerschneidt mir mein' Freud, und da sitz ich nun wieder in der schlechtesten Gesellschaft, die sich nur denken läßt, in meiner und deiner, du langweiliger Peter, du!«

Allmählich indes fing er an, die Gegenwart dieser Welt wieder erträglich zu finden. Er wurde sogar heiter und mitteilsam.

»Eigentlich sollt ich ein Klosterbruder werden«, hub er an zu erzählen. »Allein die edle Entsagung, die hierzu erforderlich ist, fehlte mir gänzlich. Ich lief weg und ließ mich anwerben bei den Soldaten; aber parieren mocht ich auch nicht gern. Da, wie's der Zufall so fügte, starb ein alter Vetter, der mir zehntausend Gulden vermacht hatte. Wunderlicher Kauz, das! Hatte fünfhundert Gulden bestimmt für sein Grabmonument. Bildhauer ausdrücklich mit Namen genannt. Verständiger Künstler; ließ mit sich reden; nahm hundert Gulden für nichts; und der tote Herr Vetter wartet noch heut auf sein Denkmal.«

»Das war nicht gut!« meint ich.

»Wieso?« fuhr der Nazi fort. »Sind vierhundert Gulden was Schlecht's? Kurzum, ich wurde flott. Ich lernte ein Mädel kennen; fein, schlank, wundersam; ein verteufeltes Frauenzimmer. Zog mir spielend die Seel aus dem Leib und das Geld aus der Tasche. Mit dem letzten Dukaten, weg war sie. Ha, du Hex! Ha, du Schlange!«

Schon glaubt ich, er wollte sich zum zweiten Mal aufhängen vor Wut und Gram; aber er besann sich, lachte grimmig und lud mich ein, mit in seine Höhle zu gehn, wo er sich häuslich eingerichtet hatte; allerdings nur sehr mangelhaft, denn eine vielversprechende Flasche, die er, das eine Aug zugekniffen, gegen das Licht hielt, erwies sich als inhaltlos.

In der Ferne fiel ein Schuß.

»Weißt du was, Freund Peter?« sprach der Nazi etwas hastig. »Am besten ist's, wir gehn fechten bei den Bauern, damit wir was Warmes kriegen.«

Vorsichtig voranschleichend, führte er mich nach der andern Seite aus dem Walde hinaus, quer durch die Felder, bis wir zum nächsten Dörflein gelangten.

Gleich im ersten Hause fand unser Anliegen eine günstige Aufnahme.

»Grad kommt ihr recht, ihr Herrn!« sagte die gemütliche Bauernfrau. »Heut mittag hat's Erbsenbrei mit Speck gegeben; der Speck ist alle; aber Brei gibt's noch in Hülle und Fülle.«

Sie brachte jedem einen aufgehäuften Napf voll, und der hölzerne Löffel stak drin. Freudig setzt ich den letzteren in genußreiche Bewegung. Freund Nazi dagegen, dem die Kost nicht behagte, pustete nur immer, als ob's ihm zu heiß wäre; und kaum daß die gute Bäuerin den Rücken drehte, um wieder in die Küche zu gehn, so erhob er sich und entleerte seine Schale in das Innere eines grünen baumwollenen Regenschirms, der hinter der Tür stand.

»Danke für die gute Verpflegung!« rief er in die Küche hinein und entfernte sich eilig.

Ein warnendes Vorgefühl überschlich mich. Ich machte, daß ich fertig wurde, und stand grad auf, als der ehrwürdige Hausvater aus der Stube trat. Er langte sich den Schirm, weil es draußen zu regnen begann, und spannte ihn auf. Groß war seine Überraschung, als ihm der zähe Brei über das Haupt und die Schultern rann. Dennoch besaß er so viel Geistesgegenwart, daß er mir, eh ich vorbeischlüpfte, den Schirm ein paarmal um die Ohren schlug, so daß ich auch von diesem Brei noch ziemlich was abkriegte.

Der Nazi sah es von ferne und wollte sich schief lachen. Ich wär ihm fast bös geworden darum; da er aber fleißig putzen half und trostreiche Worte sprach, ging ich wieder zu Wohlwollen und Heiterkeit über.

Um die Vesperzeit drang mein Freund darauf, daß wir, jedoch am andern Ende des Dorfes, einen zweiten Besuch machten.

Ein kleiner Unglücksfall kam uns zustatten. Ein Knabe von etwa fünf Jahren fiel aus einem Apfelbaum ins weiche Gras. Er war mit einem Anzug bekleidet, den man »Leib und Seel« benennt; hinten zugeknöpft. Dadurch, daß sich beim Fallen ein Ast in den Schlitz gehakt hatte, war der Verschluß von unten bis oben vollständig gelockert. Die besorgte Mutter trat aus der Haustür. Wir suchten die abgesprungenen Knöpfe auf. Ich zog Nadel und Zwirn aus der Tasche. Der weinende Knabe wurde über den Schoß der Mutter gelegt; der Nazi hielt ihm die Beine, daß er nicht strampeln konnte. Bald waren nach allen Regeln der Kunst die Knöpfe wieder befestigt und »Leib und Seele« verschließbar, soweit das, nach unten hin, bei diesem Kleidungsstücke der unmündigen Jugend überhaupt ratsam erscheint.

Erstaunt und glücklich über diese rasche und erfolgreiche Kur, lud uns die Mutter zum Vesperbrot ein.

Ein mächtiges Hausbrot, ein Teller mit dunkelem Zwetschenmus, eine beträchtliche eben nur angebrochene Butterwälze, eine Schlackwurst von anderthalb Ellen standen alsbald zu unserer Verfügung. Am schnellsten nahm der Nazi Platz, denn er hatte tagsüber nur rohe Pflaumen gegessen. Er tat einen tüchtigen Hieb in die Butter.

»Die Butter ist schon hier am andern Ende angeschnitten!« sagte die Frau, die sehr ordnungsliebend zu sein schien.

»Macht nichts!« erwiderte der Nazi. »Da kommen wir auch noch hin!«

»Hier ist auch schwarze Butter!« erinnerte die Bäuerin.

»Danke! Die weiße ist gut genug für uns!« sagte der Nazi und tat einen zweiten und dritten Hieb.

So fuhren wir rührig fort. Die Schlackwurst verkürzte sich zusehends. Die Frau wurde besorgt.

»Man kann auch zu viel essen!« meinte sie.

»So leicht wohl nicht!« erwiderte der Nazi.

»Man kann sich auch krank essen!« sagte sie bald darauf.

»Kommt auch wohl vor!« gab er zur Antwort.

»Man kann sich auch tot essen!« sprach sie endlich, als die Wurst immer kürzer wurde.

Jetzt legte der Nazi das Messer nieder und sprach im ernsten Ton allertiefster Bedenklichkeit:

»Wenn Ihr das meint, gute Frau, dann will ich sie lieber mitnehmen!«

Flugs erhob er sich, schob die Wurst in die Rocktasche, aus der sie noch ein gutes Stück weit hervorstand, nahm das Brot unter den Arm, drückte der Frau herzlich die Hände, versprach bald wieder zu kommen und empfahl sich mit einem zierlichen Bückling. Tief beschämt über dieses unverschämte Benehmen meines Freundes, drückt ich mich stumm aus der Tür.

Abends kehrten wir in dem Nazi seine Höhle zurück, wo wir uns die Nacht und den folgenden Tag der Ruhe, der stillen Betrachtung und dem Genuß unserer Vorräte widmeten.
Als Brot und Wurst zu Ende waren, suchten wir wiederum eine Stätte auf, die von Wesen bewohnt wurde, welche kochen. Wir traten durch die Hintertür in eine Küche. Die Köchin war nicht zugegen. Zwei Töpfe dampften auf dem Herde. Der Nazi hob die Deckel auf. In dem einen brodelten Pellkartoffeln, in dem andern, zärtlich zu Pärchen verknüpft, ein Dutzend Paar Bratwürste. Der Nazi, gewandt und kurz entschlossen, gabelte sie auf seinen Stecken.
»Besorg Du die Kartoffeln! Schnell!« rief er mir zu und war schon zur Tür hinaus.
Nebenan im Keller hustete wer. Ohne mich lange zu besinnen, ergriff ich mit jeder Hand ein paar der dicksten Kartoffeln und lief gleichfalls hinaus. Sie waren glühend heiß; im Stich lassen wollt ich sie nicht; in meiner Verwirrung und ängstlichen Eile steckt ich sie in die Hosentaschen. Hier war der Teufel los. Ich fing an zu klopfen. Aber jetzt, als die Knollenfrüchte zerplatzten, kam ihre Höllenhitze erst recht zur vollen Entwicklung. Ich lief immer schneller und stieß dabei durchdringende Schmerzenslaute aus. Der Nazi, mit seinem Stecken voller Würste, sah sich nicht um. Schließlich gelangten wir an einen Bach. Ich nahm ein Sitzbad bis unter die Arme; meine Schmerzen und Klagen besänftigten sich. Unterdes ließ sich mein Freund am Ufer nieder und aß recht gemütlich. Er meinte, es machte sich hübsch, wie ich so dasäße, und sei sehr gesund, und ich sollte nur sitzen bleiben, bis er fertig wäre. Dies gab mir Veranlassung, meine Badekur schleunigst zu unterbrechen, und das war gut, denn als ich ans Land stieg, waren nur noch drei Paar Würstel vorhanden, an denen ich mich beteiligen konnte.

Auf unserem Wege zum Wald hin trafen wir eine schlafende Bauersfrau, die vermutlich zu Markte wollte. Leise und geschickt zog ihr der Nazi ein Päckchen Butter aus der Kiepe und legte dafür einen tüchtigen Feldstein von mindestens zwanzig Pfund Gewicht an die Stelle. Als wir uns umsahn gleich nachher, erwachte sie grad und hockte die Kiepe auf mit Seufzen und großer Beschwerde, und unten rann eine gelbe Sauce heraus, und fünf Schritt weiter brach der Boden durch. »Schad um das Rührei!« meinte der Nazi. »Ich sag's immer: Wer Steine und Eier verpackt, soll die Steine nach unten legen.«

Mir war nicht ganz wohl bei der Sach; allein der Schlingel machte das alles so lustig und wohlgemut, daß ich schließlich doch lachen mußte.

So lebten wir denn wochenlang tagsüber von unserer Betriebsamkeit in den Dörfern und bei Nacht in unserm traulichen Heim in tiefer Waldeinsamkeit.

An einem regenreichen Spätnachmittage, als wir eben dahin zurückgekehrt waren und der Nazi grad angefangen hatte, eine seiner besten Geschichten zu erzählen, fielen in der Nähe zwei Schüsse. Ein Rehbock lief vorüber; im nächsten Augenblick liefen auch wir, der Nazi voran, in der nämlichen Richtung. Es sei dem Grafen sein Förster, ein guter alter Bekannter, der da geschossen hätte, sagte später der Nazi, als wir uns etwas verschnauften.

Wir waren in die Nähe eines einsam liegenden Wirtshauses gekommen. Es wurde sehr dunkel und regnete so heftig, daß mein Freund behauptete, wir müßten unbedingt ein Quartier nehmen für die Nacht. Ich erwähnte unsere Mittellosigkeit.

»Man muß nur parterre wohnen!« meinte er sorglos. »Dann macht's nichts!«

Wir traten ein und setzten uns, und er, mit vornehmer Sicherheit, bestellte einen reichlichen Abendimbiß nebst Bier vom besten. Nachdem er drei Maß mehr getrunken als ich, rief er den Wirt herbei.

»Gebt uns ein gutes Schlafzimmer, aber zu ebener Erde, wenn ich bitten darf, denn aus Dachfenstern zu springen, im Fall daß Feuer ausbricht, und den Hals zu brechen, das tun wir nicht gern.«

Der Wirt steckte einen Talgstummel an und führte uns höflich in die Kammer. Wir entkleideten uns. Der Wirt sah zu.

»Gute Nacht, Herr Wirt!« sagte der Nazi. »Bemüht Euch nicht länger!«

»Bitte um die Beinbekleidung!« entgegnete der gefällige Gastgeber.

»Bürsten wir selber aus!« sagte der Nazi.

»Um die Welt nicht!« rief der Wirt. »Solch anständige Herrn? Wäre gegen meine Reputation. Werde in der Frühe die Ehre haben, mich persönlich nach dero Befinden zu erkundigen.«

Sorgfältig legte er die beiden Kleidungsstücke über den Arm und entfernte sich, indem er uns wohl zu ruhn und angenehme Träume wünschte.

Der Nazi schnitt mir ein langes Gesicht zu. Ohne viel Worte zu machen, voll mißlicher Ahnungen, kroch ein jeder in sein bescheidenes Lager.

Mein Bett stand an einer Bretterwand. Kurz vor Tage weckte mich ein Lichtschimmer, der durch eine Spalte mir grad übers Gesicht streifte. Verstohlen blickt ich hindurch. Es war ein Stall, neben dem ich schlief.

Ein Esel stand mit der schwänzlichen Seite dicht vor der Spalte. Der alte Schlumann, den ich sofort wiederkannte, näherte sich ihm mit der Laterne, streichelte ihm dreimal den Rücken und sprach dreimal hintereinander die Worte:

»Tata, tata! Mach Pumperlala!«

Damit stellte er ihm seinen Hut unter und ging ruhig beiseit und blätterte bis auf weiteres in seinem geschäftlichen Notizbuche.

Alsbald hob der Esel den Schwanz auf; und nun kam ich dahinter, wo der alte Kerl das viele Geld herkriegte, von dem die Spitzbuben geredet hatten.

In ununterbrochener Folge, plink! plink! fielen die blanken Dukaten in den bereitstehenden Hut hinein. Die Versuchung war zu groß für mich. Ich steckte die hohle Hand durch die Spalte und schöpfte dicht an der Quelle.

126

»Tata, Bileam!« rief Schlumann, ohne aufzublicken. »Tata, mach Pumperlala!«

Ich zog meine Hand, die aufgehäuft voll war, zurück und entleerte sie auf die Bettdecke. Dann hielt ich sie zum zweiten Mal hin. Wieder rief der Alte, dem sogleich die Unterbrechung des Stromes zu Ohren kam: Tata, Bileam! indem er dadurch den Esel zu ermahnen und zu ermuntern suchte, in seiner ersprießlichen und scheinbar unterbrochenen Tätigkeit fortzufahren.

Eben hatte ich die zweite Handvoll in Sicherheit gebracht, als der alte Schlumann nähertrat, um das, was inzwischen ausdrücklich erfolgt war, zu besichtigen und einzuheimsen.

»Weis her, Bileam!« sprach er. »Was haste gemacht? Wenig haste gemacht! Pfui, schäme dich!«

Nicht ohne ein gelindes Kopfschütteln füllte er den glänzenden Inhalt seines Hutes in die geräumige Geldkatze, sattelte sein wundersam ergiebiges Tierlein, das den Namen des geldgierigen Propheten trug, und führte es zum Stall hinaus in den Hof.

Der Morgen dämmerte durchs Fenster. Ich zählte meine Dukaten, die ich sorgfältig zu verbergen und aufzubewahren gedachte, denn sie schienen mir das einzige Mittel zu sein, jene reizende Hexe zu gewinnen, deren Bildnis mir so lebhaft im Herzen spukte. Mißtrauisch blickt ich nach meinem Kameraden hinüber, ob er auch nicht bemerkte, welch ein wertvolles Geschenk, gewissermaßen warm aus dem Prägstock der Natur, mir ein gütiges Geschick grad eben in die Hand gelegt hatte. Zu meinem Ärger mußt ich sehen, er blinzelte schon.

»Gold!« rief er plötzlich und sprang vor mein Bett. »Natürlich gestohlen! Halbpart, oder ich sag's wieder!«

Was sollt ich machen? Ich gab ihm die Hälfte ab und steckte das übrige in mein Beutelchen; und dann erzählt ich ihm wortwörtlich die ganze Geschichte. Ich zeigte ihm auch den alten Schlumann, der auf seinem Esel eben vom Hofe ritt.

Freund Nazi, im Gefühl seiner Barmittel, wurde jetzt aber laut. Er bollerte mit der Faust und dem Stiefelknecht gegen die Tür und verlangte Bedienung. Der Wirt erschien.

»He, die Hosen! Frühstück! Eier! Schinken! Franzwein! Flink, marsch!« schrie ihn gebieterisch der Nazi an und kniff dabei einen Dukaten ins linke Auge; ein Anblick, der den zuerst trägen und bedenklichen Herbergsvater gleich dienstbeflissen und munter machte.

Wir aßen gut und ließen uns Zeit dabei, und nachdem sich der Nazi ein Fläschlein extra in die Brusttasche gesteckt hatte, setzten wir einträchtig unsere Wanderschaft fort. Es wunderte mich nur, daß mein Freund, der sonst so gesprächig war, sich heute allmählich in ein völliges Schweigen hüllte. Endlich sprach er wieder:

»Verdammt zähes Zeug in dem Schinken. Klemmt sich immer grad zwischen die hohlen Backenzähne, natürlich! Uh, Teufel, der Schmerz! Bitte, sieh eben mal nach, bester Freund!«

Wir befanden uns weit draußen auf der einsamen Landstraße. Er riß jammernd das Maul auf. Da ich vorn nichts sehen konnte, als zwei Reihen arbeitsfähiger Zähne, nahm ich den Zeigefinger zu Hülfe, um weiter hinten mal nachzufühlen. Sofort, mit furchtbarer Gewalt, wie eine Marderfalle, schnappten die Kiefer zusammen. Meine Besinnung verließ mich. Als ich wieder zu mir kam, war mein Freund Nazi verschwunden; mein Geldbeutel desgleichen. Und so war denn das goldene Gewebe, womit ich die Geliebte zu umstricken gedachte, für immer entzweigeschnitten. Gebeugt und erschüttert durch dieses grausame Ereignis, ohne Freund, ohne Geld, zog ich mich in die tiefsten Schatten des Waldes zurück, wo mich sogleich ein erquickender Schlaf in seine tröstlichen Arme schloß.

Es war eine herrliche Mondnacht, als ich erwachte. Hinter den Felsen, im zitternden Silberlicht, schimmerte ein See. Ich hörte was plätschern. Eine Nixe, so schien es, badete sich. Neugierig schlich ich näher. Auf einem Stein lag ihr graues Gewand, auf dem Gewand ein Haarband von Goldmünzen.

»Aha!« dacht ich. »Bist Du's? Jetzt sollst Du mich schön bitten, bis Du's wiederkriegst.«

Geschwind steckt ich's hinten in die Fracktasche; daß aber hinter mir, an den Baum gelehnt, ein Reiserbesen stand, hatt ich nicht beachtet. Dieser, als säße der Teufel drin, setzte sich plötzlich in Bewegung und machte Sprünge, wie ein Böcklein, und stieß nach mir, bald links, bald rechts, bald hinten, bald vorn, und dann nahm er einen Anlauf und fuhr mir zwischen die Beine, und fort ging's hoch in die Luft und weg über die Wipfel; und ich mußte zuerst ordentlich lachen, als wir so dahintrabten, hopp, hopp, unter dem zurückfliehenden Gewimmel der Sterne, und wie im geschüttelten Frackzipfel gar lustig die Münzen klirrten; aber schon nach fünf Minuten hatt ich es satt gekriegt, denn mein Rößlein war ein harter Traber und warf mich auf und nieder auf seinem hölzernen Rücken, daß mir's war, als würd ich durchgestoßen und aufgespalten bis an den Nabel.

Endlich, nach Verlauf einer Ewigkeit von mindestens zwanzig Minuten, kehrte der verflixte Besengaul den Kopf nach unten und den Schweif nach oben und fuhr senkrecht in den geräumigen Schlot eines Hauses, welches einsam in der Wildnis lag. Unter großem Gerassel fiel ich auf den Herd zwischen allerlei Küchengeschirr. Der Besen strich mir mit seinem dürren Reiserschweife noch ein paarmal durchs Gesicht, und dann stand er da, in der Ecke am Kamin, stocksteif, wie ein gewöhnlicher Schrupper, der nie was von selber tut.

Durch ein Fenster mit runden Scheiben schien der Vollmond herein. Müd und kaputt, besonders inmitten, ließ ich mich in einen hölzernen Lehnstuhl fallen. Ach, wie weh tat das! Aber hinlegen, auf den kalten Fußboden, mocht ich mich auch nicht, weil ich zu erhitzt war; schließlich setzt ich mich auf die offene Seite eines leeren Eimers. Das ging so leidlich, und bald war ich eingenickt.

Schon graute der Morgen, als ich durch das Knarren der

Außentür geweckt wurde. Ein krummes, steinaltes Mütterchen, in Grau vermummt bis unter die Augen, kam hüstelnd in die Küche gewackelt. Sie stieß einen kurzen erschrockenen Quiekser aus, als sie mich sitzen sah; doch ganz gefährlich mußt ich wohl nicht aussehn, denn sie sammelte sich bald und sprach mich an mit gewinnender Freundlichkeit:

»Ei, sieh da, mein Söhnchen! Wo kommst denn Du schon her?«

»Ach, Mütterchen!« klagt ich. »Ich bin geritten die halbe Nacht durch auf einem mageren bockichten Pferdchen, daß ich so steif bin, wie ein hölzerner Sägebock. Habt Ihr nicht zum Einreiben irgendeine geschmeidige Salbe, die wohltut?«

»Na, freilich, mein Kind!« entgegnete sie dienstbeflissen. »Und was für eine!«

Sie öffnete den Wandschrank, kramte zwischen Gläsern und Töpfen und wählte schließlich eine zinnerne Büchse aus, die sie mir mit den traulichen Worten überreichte:

»Nimm hier, mein Sohn! Und schmier, mein Sohn! Paß auf, es wird schon anders werden!«

Bloß, um die Salbe mal vorläufig zu besichtigen, schrob ich den Deckel auf.

»Hu!« machte die Alte und hielt sich schamhaft die Augen zu. »Bitte, nicht hier! Wenn ich's nur denk, werd ich rot!«

Sie drängte mich nebenan in ihr Schlafzimmer, wo ich mich denn auch gleich, sobald ich allein war, gewissenhaft und emsig bemühte, eine baldmöglichste Linderung meiner Leiden herbeizuführen.

Und jetzt passierte mir was, worüber ich nur mit dem höchsten Widerstreben und der tiefsten Beschämung zu berichten vermag.

Kaum hatt ich mit der Salbung begonnen, so ging durch mein ganzes Wesen ein auffälliges, nie empfundenes Drücken, Drängeln und Krabbeln. Die Nase dehnte sich nach vorn, steif richtete sich der Frack nach hinten auf. Schon ging ich auf allen vieren, und als ich zufällig in den Spiegel blickte, der neben dem Bette stand, fing ich ärgerlich zu bellen an, denn ich sah mein nunmehriges Ebenbild vor mir in Gestalt eines Pudels, blau, wie der Schniepel, und mit gelben Hinterbeinen, wie die Nankinghose.

Ich – Muß ich mich noch so nennen, nach dem was vorgegangen? Oder darf ich Er sagen zu mir? Leider nein! so gern ich auch möchte; denn das fühlt ich genau: Die sämtlichen alten Bestandteile meiner Natur hatten sich nur verschoben und etwas anders gelagert als zuvor, und während der untergeordnete Teil meines Verstandes zur Herrschaft gelangte, war mein höheres Denkvermögen gewissermaßen auf die Leibzucht gezogen, ins Hinterstübel, von wo aus es immer noch zusah, wie die neue Wirtschaft sich machte, wenn es auch selbst nichts mehr zu sagen hatte.

Ich machte einige ängstliche Seitensprünge. Dicht hinter mir klirrte es. Es waren die Goldmünzen, die vorher im Frack, aber nunmehr im Schweife steckten. Dies Geräusch regte mich dermaßen auf, daß ich, um es loszuwerden, so lange im Kreise herumlief, bis mir die Zunge aus dem Halse hing. Dann setzte ich mich mitten in die Kammer, hielt die Nase hoch, rundete das Maul ab und stieß die kläglichsten Laute aus.

Die Tür öffnete sich; und wer steckte den Kopf herein? Meine reizende Hexe.

»Bist da, Peterle?« rief sie lachend. »Hab ich dich erwischt, du Dieb, du Beutelschneider, du pudelnärrisches Hundsvieh, du?«

Es wurde mir wunderlich zu Mut. Mein Gefühl für dies Teufelsmädchen war nicht mehr Liebe, sondern einfach hundsmäßige Unterwürfigkeit. Ich kroch ihr zu Füßen; und wie ich so demütig mit dem Schwanze wedelte, klirrte es wieder drin, als wäre es eine Sparbüchse für Kinder.

»Aha! Da sitzt die Musik!« lachte die Hex. »Nur Geduld! Wenn der nächste Vollmond ist, dann wollen wir schnippschnapp! machen.«

Um ihr eine Aufmerksamkeit zu erweisen, stellt ich mich auf die Hinterbeine und versuchte mit den Vorderfüßen eine bescheidene Umarmung; aber eine wohlgezielte Maulschelle, die mir ein schmerzerfülltes Tjaujau! auspreßte, trieb mich scheu in den Hintergrund.

Zu Nacht wollt ich natürlich gern mit in die Kammer. Man schnappte mir die Tür vor der Nase zu. Mein Scharren und Winseln half mir nichts. Ich mußte einsam heraußen bleiben, rollte mich seufzend zusammen und verfiel endlich in einen unruhigen, oft unterbrochenen Schlummer, denn sämtliche

Flöhe des Hauses, so schien es, hatten sich verabredet zu einem Stelldichein und munteren Jagdvergnügen in den dichten Wäldern meines lockichten Pelzes.

Morgens durft ich eintreten und meine Aufwartung machen und der Gnädigen die hübschen Pantöffelchen bringen, und jetzt, dacht ich, dürft ich mir wohl einiges herausnehmen und sprang, während sie sich die Zähne putzte, geräuschlos ins Bett, um mich nach der kühlen Nacht ein wenig zu erwärmen. Behaglich schloß ich die Augen. Doch sogleich wurde ich aufgescheucht mit harten Worten und ausgetrieben mit harten Schlägen vermittels der Pantoffeln, die sehr spitze Absätze hatten, und dann goß sie mir ein Glas eiskaltes Wasser über den Rücken, daß ich bellte vor Schreck und jammernd hinausrannte in den Hof, wo ich mich zitternd auf ein sonniges Plätzchen legte und ärgerlich nach jeder Fliege schnappte, die mich neckisch umschwärmte.

Mein Hunger war groß. Zu fressen kriegte ich nichts. Ich scharrte eine Maus aus dem Loch und verzehrte sie mit vielem Behagen; ich fing Käfer, ja sogar einen Gartenfrosch, und verzehrte sie mit dem äußersten Widerwillen.

Meine Gebieterin lebte sehr mäßig. Am Hause hingen ein paar Nistkästchen, aus denen sie täglich drei Sperlingseier nahm, die sie gar zierlich ausschlürfte, das war alles, und dabei blieb sie gesund und lustig und boshaft dazu.

Eines Abends, als sie strickend am offenen Fenster saß, wurde etwas hereingeworfen, was klingend zu Boden fiel. Es waren Dukaten.

»Je, der Nazi!« rief sie freudig und lief und riegelte ihm die Haustür auf.

Mein ehemaliger Reisegefährte, bekleidet mit einem neuen Jagdanzuge, trat stolz herein und wurde begrüßt mit stürmischer Zärtlichkeit ihrerseits, aber meinerseits mit gehässigem Knurren.

An seiner Jagdtasche hing eine Reihe toter Rotkehlchen. Sie wurden gerupft und gebraten für ihn; und anmutig sah es aus, wie auch das Hexlein ein ganz klein wenig dran knusperte mit den weißen blitzenden Zähnen. Ich kriegte die Gerippe.

Der Nazi legte mir jedes zuerst auf die Nase und ließ mich aufwarten, eh ich es nehmen durfte. Am liebsten wär ich ihm an die Kehle gesprungen; da aber meine Gestrenge bedrohlich den Finger erhob, ließ ich mir's gefallen, indem ich nur durch ein dumpfes Grollen und grimmiges Augenrollen meinem Unwillen Luft machte.

Diese Herrlichkeit zwischen den beiden mochte wohl so acht Tage gedauert haben, als ein unerwarteter Besuch kam; der alte Schlumann nämlich. In aller Stille hatte er draußen seinen Esel angebunden und trat nun unbefangen in die Küche, wie ein wohlbekannter Hausfreund, mit der Begrüßungsfrage:

»Wie schaut's, Lucinde?«

»Ah, der Onkel!« rief sie. »Ah, der Goldonkel! Wie herrlich, daß du kommst. Du bist doch der Beste von allen!«

Er mußte Platz nehmen im Lehnsessel. Sie warf sich ihm auf den Schoß, sie knöpfte ihm den Rock auf, sie schnallte ihm die Geldkatze ab und lief hin und leerte sie klirrend in ihre Truhe. Er schmunzelte dazu.

Indes hatte der Nazi ein Gesicht gekriegt, blaßgelb, wie Ziegenkäs. Plötzlich sprang er auf und schrie, die Sach wär ihm zu dumm, und er wollt's nicht leiden, und raus müßt der Kerl, und wenn's der Teufel wär. Und damit zog er den Hirschfänger und fuchtelte grausam in der Luft herum. Der alte Schlumann rührte sich nicht; aber die Hex, flink wie der Blitz

hatte sie zwischen den Knöcheln ihres Mittel- und Zeigefingers dem Nazi seine Nasenspitze eingeklemmt und drehte eine schmerzensreiche Spirale daraus. Der Hirschfänger entfiel seiner Hand. Plärrend, wie ein Kalb, ließ er sich willenlos wegführen. Ich riß ihm noch ein tüchtiges Stück aus seiner neuen Hose; dann wurde die Tür hinter ihm zugeriegelt. Draußen tobte er fürchterlich und drohte, das sollte sich schon zeigen, ob eigentlich das Hexen noch erlaubt sei in einem christlichen Reiche deutscher Nation.

Auf einmal schwieg er still. Der Goldonkel und die Nichte legten sich ins Fenster; ich stellte mich auf die Hinterbeine und sah gleichfalls hinaus.

Was den Nazi so plötzlich zum Schweigen veranlaßt hatte, war der Esel, dem er jetzt näher trat, um ihn zweckentsprechend zu behandeln. Er strich ihm dreimal über den Rücken und wiederholte dreimal die Worte:

»Tata, tata! Mach Pumperlala!«

»Nur gut«, schmunzelte Schlumann, »daß ich heut den echten zu Hause ließ.«

Der Esel, durch das Streicheln angeregt, hob wirklich den Schwanz auf. Der Nazi hielt den Hut unter; aber es erfolgte nichts Wunderbares, sondern nur das, was in solchen Fällen bei gewöhnlichen Eseln allgemein üblich ist.

»Armer Nazi!« rief lachend die Hex. »Es ist ja der Rechte nicht! Hehe!«

Wütend schlenkerte der Nazi seinen Hut aus und verschwand im Gebüsch.

Übrigens war dieser Schlumann auch mir recht zuwider; die fortgesetzten Liebkosungen zwischen Onkel und Nichte machten mich eifersüchtig, wie Hunde sind; als daher dieser Verhaßte, bedeckt mit den zärtlichsten Abschiedsküssen, eines schönen Morgens wieder wegritt auf seinem Esel, vollführt ich vor lauter Vergnügen, trotz meiner Magerkeit, ringsum im Hof einen lustigen Dauerlauf.

Ich war allmählich in meinen Manieren ganz Hund geworden. Ich gähnte ungeniert in Gegenwart meiner Herrin, ich kratzte mich, ich wälzte mich schamlos auf dem Rücken, ich drehte mich stets dreimal herum, ehe ich mich niederlegte zum Schlummern, ich bellte, um mich wichtig zu machen, wenn auch nichts los war, und wo ich einen alten Strumpf oder Schuh fand, nagt ich dran herum.

Meine Behandlung, obgleich ich mich der äußersten Demut befliß und meine schöne Tyrannin beständig im Auge hatte, wurde nicht besser. Ich mußte mich damit begnügen, von weitem zu wedeln und hündisch zu lächeln, was ich jedesmal tat, wenn sie zufällig mal hersah. In die Nähe wagt ich mich nicht, denn meine Rippen mußten in beständiger Furcht sein vor den spitzen Absätzen der zierlichen Pantoffeln. Endlich, zur Verzweiflung getrieben vor Hunger und Kummer, brannt ich durch.

Ich lief bis zum nächsten Städtchen, wo mich eine alte Jungfer vermittels Zucker und zärtlichen Zungenschnalzens zu sich hereinlockte. Hier lebt ich in Überfluß. Sie wusch und kämmte mich, sie knüpfte mir ein rosa Bändchen um, sie häkelte mir einen himmelblauen Paletot, sie nannte mich unter tausend Küssen ihren süßen, einzigen Herzensfreund. Den ganzen Tag lag ich auf dem Kanapee, und des Nachts durft ich sogar als Wärmflasche zu ihren jungfräulichen Füßen liegen. Bald war ich so faul und wurde so fett, daß die Verdauung stockte. Statt froh und dankbar zu sein, zeigt ich mich grämlich und unzufrieden, und kurz und gut, als meine Wohltäterin, deren Zärtlichkeit mir auch nicht recht passen wollte, mal wieder, wie gewöhnlich, zur Frühmesse ging, schlich ich mich fort, immer dicht an den Häusern hin, und drückte mich schließlich in die erste Tür, die ich offen fand. Ich war in die Apotheke geraten.

»Ha!« rief der Provisor. »Delikat! Das gibt Hundsfett, um die Bauern damit anzuschmieren. Sehr ergiebig für den Handverkauf.«

Er bot mir eine Pille an. Sie roch verdächtig; mein Instinkt warnte mich, sie anzunehmen. Ich fletschte die Zähne, knurrte, machte kehrt und rannte und rannte bis draußen vors Tor; denn mein Fett, so lästig mir's war, wollte ich doch auf diese Art nicht gern los werden.

Nicht weit vor der Stadt fing mich ein Milchmann ein, der grad einen Zughund brauchte. Dies war die richtige Kur für mich; schon nach wenigen Tagen fühlt ich mich leichter. Nur etwas war peinlich dabei. Die fremden Hunde, wenn ich den Karren zog, nachdem sie mich prüfend berochen hatten, bellten mich an und bissen mich fürchterlich; ich biß sie wieder;

wodurch denn der Verlauf des Geschäfts allerlei bedenkliche Störungen erlitt. Geistig angeregt durch diese Verdrießlichkeiten, machte mein Herr eine praktische Erfindung. Er brachte unterhalb des Fuhrwerks einen nur nach unten offenen Kasten an, worin ich angespannt wurde und ziehen mußte; er selbst brauchte nur die Deichsel zu regieren.

So war ich allerdings einerseits wohl geschützt gegen alle Versuchungen und Anfechtungen der Außenwelt, indes anderseits, je mehr ich Muße hatte, mich inwendig zu besehn, um so deutlicher trat nun wieder das Bildnis der zuerst verlassenen Herrin, so bös sie auch war, vor die untertänigst ergebene Sklavenseele.

Ich wurde abends im Hof angebunden vor der Hundshütte. Ich käute den Strick entzwei und eilte so rasch wie möglich dem Walde zu, um wieder in der Nähe derjenigen zu sein, die mich so grausam behandelt hatte; ich kratzte an der Tür, und sogleich wurde aufgemacht. Ungewohnt liebenswürdig wurd ich empfangen; ich gab's Pfötchen; sie kraute mir Kopf und Rücken. So selig und zufrieden war ich noch nie.

»Grad kommst recht!« sagte sie schmeichelnd. »Gleich geht der Vollmond auf. Da wird's gemütlich!«

Hierauf machte sie ein lustiges Feuer an und schürte es mit der Zange, die sie, wie ich arglos bemerkte, drin liegen ließ; und dann holte sie aus dem Schrank ein gebratenes Vögelchen, das nach meinem damaligen Geschmack grad so recht angenehm anrüchig war, hielt es mir unter die Nase, warf es in die neben dem Herde stehende offene Truhe und forderte mich auf, es zu suchen. Freudig wedelnd mit dem Klapperschwanz, an dessen Geräusch ich mich längst gewöhnt hatte, tauch ich mit Kopf und Vorderbeinen in die Tiefe des Kastens, um mir den leckeren Bissen zu Gemüte zu führen.

Einer der peinlichsten Augenblicke meines Lebens war gekommen.

Im Nu schnappte die Hexe den Deckel zu. Und jetzt, plötzlich, ungefähr da, wo einst die Frackschöße ihren gemeinsamen Ursprung nahmen, ein Kniff, ein Schmerz, unsäglich brennend, ein Scharren mit allen vieren, ein gräßlicher Klageton, dumpf widerhallend in der Höhlung des Koffers, ein krampfhaftes Zucken – ich mache mich los, ich erhebe mich. Wahr-

haftig, ich stand wieder aufrecht da auf meinen menschlichen Hinterfüßen.

Mein erster Griff war nach hinten; der Frack war zur Jacke geworden. Ein brenzlichter Geruch erfüllte die Küche; die Feuerzange lag noch dampfend am Boden, ein Frackzipfel daneben; den andern hielt die Hex in der Hand und schüttelte lachend ihr goldenes Haarband heraus.

»Hol dich der Satan auf der Ofengabel, verwünschte Zauberin!« rief ich wütend. »Mich siehst halt nimmer!«

Ich griff nach der Türklinke; aber eh ich noch draußen war, hatte das boshafte Geschöpf schon den Blasbalg vom Herde genommen und blies mir damit eiskalt ins Genick. Von diesem »Hexenschuß« steht mir noch heute der Kopf so schief, daß Leute, die mich nicht kennen, oft schon gemeint haben, ich müßte ein rechter Scheinheiliger und Heuchler sein.

In hohen Sprüngen, obgleich mir bei jeder Erschütterung ein Stich durchs Genick fuhr, verließ ich den Wald, und erst lange nachher ging ich langsamer und sammelte mich und zupfte die Krawatte zurecht, bei welcher Gelegenheit ich eine überraschende Entdeckung machte. Mein Medaillon war wieder da; bei der aufgeregten Strampelei in der Truhe mußte es sich mir um den Hals geschlungen haben. Sofort fiel mir die Heimat ein; das stille Gehöft, der getreue Vater, das hübsche Kathrinchen, der biedere Gottlieb, an die ich so lange nicht gedacht, die ich so leichtfertig verlassen hatte. Was hatt ich gefunden heraußen in dieser verlockenden Welt, als Schmerz

137

und Enttäuschung; wie tief, durch meine unsteten Begierden, war ich gesunken! Ein Streuner war ich geworden, ein Faulenzer, ein Gauner beinah, und schließlich ein Pudel, ein kriechender Hund mit dem Pelz voller Flöhe, der verächtliche Sklav einer geldgierigen, ruchlosen Hexe.

Der Himmel hatte sich in Wolken gehüllt; ich stand ratlos da in völliger Düsterheit. Indem, so fächelte mir was, wie mit unsichtbarem Flügelschlage, um Nase und Ohren herum, und auf einmal fing es an aufzuleuchten. Er war's. Im eigenen Lichtglanz seines grün juwelenhaft funkelnden Hinterteils schwebte er dicht vor mir her, mein alter Schmetterling, dem ich niemals zugetraut hätte, daß er solch eine schöne Laterne besaß. Die Jagdlust regte sich wieder. Ich zog den Hut, ich haschte vergebens. Immer schneller und schneller mußt ich laufen; ich stolperte über kleine Erhöhungen des Bodens; ich kam zu Fall. Das Licht erlosch.

Als ich mich aufgerappelt hatte, brach grad der Mond durch die Wolken, erhellte flüchtig eine Kirche mit spitzem Turm und versteckte sich wieder. Ich saß auf dem einen Ende eines Grabhügels; mir gegenüber auf dem andern Ende saß ein Geist, nebelhaft weiß, gleichsam nur ein faltiges Bettlaken in menschenähnlicher Gestalt.

Er sah ungemein betrübt aus und sprach hohl und schaurig, indem er rings um sich her blickte:

»Kein Monument! Noch immer kein Monument! Fünfhundert Gulden ausgesetzt, und doch kein Monument! Wann, oh, wann krieg ich ein Monument?«

»Aha!« sag ich. »Ihr seid gewiß dem Nazi sein Vetter! Diesen Nazi kenn ich. Die Sach ist erledigt, das Geld verputzt, und auf Euer Denkmal könnt Ihr gefälligst lauern, bis Ihr schwarz werdet.«

Der Geist, als er dies vernahm, legte sich in tiefe Querfalten und stöhnte fürchterlich.

»Ich muß mich wirklich über Euch wundern!« fuhr ich fort. »Längst tot und doch noch eitel? Schämt Euch, Alter, und legt Euch ruhig aufs Ohr, wie's guten Geistern geziemt.«

Mit dieser wohlgemeinten Ermahnung hatt ich, wie man zu sagen pflegt, das Kalb ins Auge geschlagen; nie hätt ich geglaubt, daß ein Geist sich so ärgern könnte.

Das Gespenst machte sich lang, schwebte
eilig herüber zu mir, saß mir am Buckel,
nahm mich beim Kragen, schleifte mich
dreimal um die Kirche und hob sich dann
in die Luft mit mir, so hoch wie die Spitze
des Kirchturms.
Baum! da schlug es eins. Der Geist ließ
mich los. Ich fiel und ich fiel – und ich
fiel –
Schon nach drei Sekunden befand ich mich
in einem Zustande der tiefsten Unwissen-
heit.
Ein närrischer Zustand, das! Wenn's kein
Wieso? mehr gibt und kein Aha! Wenn
Gulden und Kreuzer, wenn Vetter und
Base, wenn Onkel und Tante, wenn Butter und Käse gleich Wurst und ganz egal
und ein und dasselbe sind; wenn's einem
auf ein paar tausend Jahre mehr oder weniger nicht ankommt; wenn – doch genug darüber! Am gescheitesten wird's
sein, man macht es wie die eigentlich Sachverständigen,
denen es grad passiert: Sie sitzen, liegen oder hängen da in
verständiger Schweigsamkeit.
Was ich zunächst nur sagen möchte, obgleich's auch überflüs-
sig wäre, ist dies: Ich erwachte wieder; ich besann mich wieder auf mein Vorhandensein als lebendiger Teil dieses soge-
nannten Weltsystems, dessen Übersicht im ganzen ja schwierig
ist.

Nachdem ich eine sitzende Stellung angenommen, mir die
Augen gerieben und mich behaglich gedehnt und gereckt hatte,
als hätt ich nach einer längeren Fußtour einen gesunden er-
quickenden Schlaf getan, bemerkt ich erst, daß ich mich in
einem geräumigen Garten befand, den eine hohe Mauer um-
gab.

Dicht vor mir lag ein Feld mit Kohl bebaut, lauter Kappis-
köpfe von beträchtlicher Dicke. Auf den Blättern saßen zahl-
lose Raupen und fraßen und verpuppten sich mit großer Geschwindigkeit, und schon im nächsten Augenblick brachen die
Hüllen auf, und ein buntes Gewimmel von Schmetterlingen
erfüllte die Luft.
Aber auch ein Baum stand da von erstaunlicher Höhe, ganz
dicht besetzt mit Nestern, aus denen unaufhörlich ein Schwarm
von Vögeln herausflatterte, so schwarz wie Raben und so
flink wie Fliegenschnäpper.
Und, was mich am meisten wunderte, der Kohl wuchs zusehends vor meinen Augen, und im Umsehn wurden allerlei
Menschen daraus, und jeder Kappismensch hatte ein Netz in
der Hand, und die Schmetterlinge flogen über die Mauer und
die Vögel und die Menschen hinterher.
Das Feld links neben mir war noch nicht bestellt. Zwei Männer waren beschäftigt, es umzugraben. Sie machten eine Pause,
lehnten sich auf ihre Spaten und sahen sich um; und jetzt bemerkt ich erst, daß es gar keine richtigen Mannsbilder waren,
sondern zwei riesige Käfer, der eine in einem schwarzgelb-
bunten Röcklein, ein Totengräber, der andere blauschwarz,
von der Sorte, die wir, wenn wir unter uns sind, schlechtweg
mit dem Namen Mistkäfer bezeichnen.
Die Sonne senkte sich schon. Trotzdem sagte der Totengräber
zu mir:
»Guten Morgen! Grad hatten wir vor, Dich unterzugraben!«
»Oho!« rief ich.
»Na!« sagte er. »Sieben Jahre gelegen, ist doch wohl lange
genug!«
Ich lächelte, wie einer, der Spaß versteht.
»Wir wollen Dumme säen!« fuhr er fort. »Gleich einen gan-
zen Acker, damit sie nicht alle werden.«
»Man braucht halt Dünger!« meinte der Mistkäfer.
Um auf etwas anderes zu kommen, sagt ich:
»Ihr habt hier mehr schwarze Vögel als bunte Schmetterlinge,
wie ich sehe.«
»Ganz richtig!« erwiderte der Mistkäfer. »Erst drüben, jen-
seits der Mauer, merkt man es recht. Für jede angenehme Er-
wartung gibt's mindestens drei unangenehme Möglichkeiten.«

140

»Also leg Dich und halt uns nicht auf!« mahnte ungeduldig der Totengräber.

»Nur schad um den schönen Bart!« meinte der andere.

Ich griff ans Kinn. Es war so. Ich hatte einen ellenlangen Bart gekriegt.

Sollte denn wirklich, dacht ich – –. Aber eh ich noch weiterdachte, flatterte aus dem Kohlfelde mein Schmetterling auf, in verjüngter Herrlichkeit, so munter und farbenschön, wie ich ihn noch niemals gesehen hatte.

»Ein Netz!« schrie ich. »Ich will hinaus!«

»Wer will, der darf!« brummten die Käfer.

Der eine gab mir ein Netz, der andere einen Schlag mit der flachen Schaufel hinten vor zur Nachhilfe; und dort hupft ich hin, über die Mauer, mit übernatürlicher Leichtigkeit, in hohen Bogensätzen, gleich wieder emporschnellend, sobald ich nur eben mit der Spitze des Fußes den Boden berührte, wie's zuweilen in unbehinderten Träumen geschieht, wenn die Sohlen so elastisch sind, als säßen Sprungfedern drunter. Auch würd ich den Schmetterling sicher erwischt haben, denn ich war fast noch schneller als er, hätte ihn mir nicht einer von den schwarzen Vögeln grad weggeschnappt, als ich eben den entscheidenden Hieb tun wollte. Ärgerlich warf ich das Netz fort, hupfte gleichgültig weiter und machte erst, als es lange schon Nacht geworden und ich in der Ferne was Helles sah, wieder höhere Sprünge. Alsbald befand ich mich in einem Park, dicht vor den Fenstern eines hell erleuchteten Schlosses, wo es lustig drin zuging bei den Klängen der herrlichsten Blechmusik.

Es war vornehme Gesellschaft. In allen Sälen wurde gespielt. Mein erster Blick fiel auf Lucinde, die lachend am Spieltisch saß. Eine fünf Ellen lange silbergestickte Schleppe ringelte sich neben ihr auf dem Teppich, wie eine glitzernde Schlange. Sie hatte einen Haufen Gold vor sich liegen. Ihr Gegenpart war ein jovialer Herr, schon ziemlich bei Jahren, dessen Hände und Gesicht ganz schwarz aussahen. Seine Nägel waren sehr lang, seine Ohren sehr spitz, seine Nase sehr krumm, und auf der Stirn hatte er zwei niedliche vergoldete Bockshörnchen sitzen. Der alte Schlumann war auch da. Er blitzte von Diamanten, spielte aber nicht mit, sondern ging nur schmunzelnd von Tisch zu Tisch. Er schien der Gastgeber zu sein.

Gern hätt ich noch länger zugesehn, wär nicht ein schwarzer Hund mit feurigen Augen um die Ecke gekommen, der fürchterlich bellte, so daß ich mit einem einzigen Satze hinaus vor das Schloßtor hupfte.

Hier hielten bereits die Equipagen, um die Herrschaften abzuholen. Die Lakaien, die herumstanden, machten einen soliden, vertrauenerweckenden Eindruck. Sie waren weiß gepudert, glatt rasiert, dick und fett, und jeder trug in großen goldenen Buchstaben einen trefflichen Wahlspruch auf der Livree, der eine »Gut«, der andre »Schön«, der dritte »Wahr«, der vierte »ora«, der fünfte »labora«, und so ging's weiter.

»Es freut mich« – sagt ich –, »solch biedere Leute zu sehn!«

»Mit Recht!« sprach der dickste von allen, dem »Treu und Redlich« am Buckel stand. »Wir sind die guten Grundsätze.« Gerührt wollt ich ihm die Hand drücken, aber sie war weicher als Butter, und als ich ihm auf die Schulter klopfte, sackte der Kerl zusammen, wie ein aufgeblasener Schlauch, wobei ihm die ausströmende Luft geräuschvoll durch sämtliche Knopflöcher pfiff.

»Ha, Windbeutel!« rief ich. »Seid ihr denn alle so?«

Eh ich dies noch genauer untersuchen konnte, kamen Diener mit Fackeln vom Schlosse her.

»Platz für Se. Durchlaucht, den Fürsten dieser Welt!« hieß es. »Mach dich fort, du Lump!«

Eilig hupft ich davon, die Chaussee entlang. Eine Karosse, hellglühend wie feuriges Gold, kam hinter mir hergerasselt. Drinnen, in die schwellenden Polster gelehnt, saß traulich schäkernd der schwarze Herr bei der Hexe Lucinde. Hintenauf stand »Treu und Redlich«, der fette Lakai, und wurde gerüttelt, daß ihm alle vier Backen wabbelten; und, was das Drolligste war, zwischen den Schößen seines Bedientenfracks baumelte neckisch ein Kuhschwanz.

Der Anblick reizte mich. In plötzlichem Übermut, mit raschem Griff, erfaßt ich den Wedel und schwang mich, den rechten Fuß voran, aufs Kutschenbrett. Ebensogut hätt ich auf die Platte des höllischen Bratofens springen können, wenn grad zugekocht wird für Großmutters Geburtstag.

Ein Gelächter von seiten Lucindens, als ob sie gekitzelt würde; ein Schrei meinerseits, als ob ich am Spieß steckte; ein Purzelbaum nach hinten; und unten war ich auf der platten Chaussee, in der unglücklichen Lage eines auf den Rücken gefallenen Maikäfers.

Ächzend kroch ich seitab in den Graben. Der Brandschaden war beträchtlich; doch braucht ich, um ihn näher zu besichtigen, den Stiefel nicht auszuziehn, denn mein rechter Fuß stand frei zutage, in Gestalt einer einzigen Blase. Infolgedessen hegt ich den lebhaften Wunsch, es möchte wer kommen, der mich mitnähme.

Endlich, im Morgennebel, näherte sich langsam rumpelnd ein ländliches Fuhrwerk. Vorn, auf einem Bund Stroh, saß das Bäuerlein und sang bereits in aller Früh gar fröhlich und wohlgemut:

> Gretelein hupf in die Höh,
> Daß ich deine Strümpfle seh,
> Weiß wie der Schnee alle zwee,
> Hopsa, huldjeh!

und hinter ihm, als einziges Gepäckstück, stand ein langer schlichter Kasten von Tannenholz.

Kaum bemerkte der gemütvolle Fuhrmann meinen leidenden Zustand, so hielt er still und war mir behilflich, seinen Wagen zu besteigen, wo ich denn auch auf dem Kasten einen recht passenden Sitz fand.

Wir waren noch nicht lange gefahren, als sich mein freundlicher Kutscher zu mir umdrehte und sprach:

»Ihr habt Glück! Grad fahr ich zum Dokter Schnorz in die Stadt. Der versteht's. Da heißt's ritschratsch! und damit gut. Ich bringe ihm den da, von Amts wegen.«

Bei den letzten Worten klopfte er mit dem Peitschenstiel auf die Kiste, und weil mir nicht recht klar war, was er meinte, hob ich den Deckel auf.

143

»Der Nazi!« schrie ich entsetzt.

»Vielleicht heißt er so!« meinte das Bäuerlein. »Jedenfalls hat ihn eine Natter gebissen, draußen im Wald, und jetzt muß er zum Dokter, und damit gut!«

»Er ist ja tot!« rief ich.

»Eben drum! Und um so besser für ihn, und damit gut!« erwiderte der Wagenlenker.

Er nahm sein munteres Lied wieder auf, aber diesmal ohne Worte, bloß vermittels seines mündlichen Flötenspiels, worin er, wie sich zeigte, eine bedeutende Fertigkeit hatte.

Ich, inzwischen, saß etwas unruhig. Ein gewisses eisiges Mißbehagen, in der Richtung von unten her, lief mir den Rücken hinauf bis unter den Hut, so daß ich froh war, kann ich wohl sagen, als wir endlich, so etwa um elf, vor der Behausung des Doktors hielten.

Nicht ohne ängstliche Vorurteile begab ich mich langsam humpelnd in das Empfangszimmer. Doktor Schnorz war schon in Tätigkeit. Er sah übrigens gar nicht so grausam aus, wie ich mir vorher gedacht hatte. Im Gegenteil. Seine frische Farbe, seine schwellenden Lippen, seine dicken schalkhaften Augen, die aufgekrempelten Hemdsärmel, die Arbeitsschürze über dem rundlichen Bäuchlein, das alles machte durchaus den Eindruck eines sauberen Metzgermeisters, den jedermann gern hat.

Grad war er dabei, einen Landmann auszuforschen, in dessen Zügen sich tiefe Besorgnis malte.

»Wie alt ist denn Euere Frau?«

»Na!« meinte der Bauer. »So fünfzig bis sechzig.«

»Schlagt das alte Weib tot. Mit der ist nichts mehr zu machen. Adieu!«

Als der Bauer, dessen Züge sich völlig erheitert hatten, an mir vorbeiging, hört ich ihn sagen:

»Das ist doch ein Dokter! Wenn er einsieht, es hilft doch nichts, so erspart er einem die Kosten.«

Jetzt kam eine dicke Madam an die Reih.

»Ach, Herr Doktor!« fing sie zu klagen an. »Ich weiß nicht, ich bin immer so unruhig. Jede Stund in der Nacht hör ich den Wächter blasen, und ich fürcht mich so vor Mäusen und schlechten Menschen; das macht gewiß die Nervosität.«

»Ein neumodig Wort!« sprach der Doktor. »Sonst nannte man's böses Gewissen. Ganz die Symptome. Halten Sie Ihre Zunge im Zaume, meine Gnädige. Seien Sie freundlich gegen Ihre Dienstboten. Viel Wasser! Wenig Likör! Gute Bessrung, Madam!«

Diese Dame, als sie hinaussegelte, schien mir von den heilsamen Ratschlägen des Doktor Schnorz durchaus nicht befriedigt zu sein.

Und jetzt kam ich.

»Ah!« rief Schnorz mit freudigem Erstaunen. »Seh ich recht? Erlaubt mal eben. Es ist bloß zur Probe.«

Während er diese Äußerungen hinwarf, hatte er mir auch schon die große Zehe abgeschnitten und legte sie unter sein Vergrößerungsglas.

»Hab's gleich gedacht!« sprach er befriedigt. »Der richtige Höllenbrand. Kurzab! ist das beste.«

»Ist's lebensgefährlich?« fragt ich ängstlich.

»Warum das nicht?« erwiderte der Doktor. »Aber seid nur getrost; wenn's schiefgeht, wird die Welt zur Not auch ohne Euch fertig werden. Da seht mich an. Heut wenn ich sterb, ist morgen ein anderer da, und ich freu mich schon drauf, daß die Juden kein Geld kriegen.«

Hiermit drückte er mich in einen behaglichen Lehnsessel, schnallte mich fest, ergriff ohne weiteres die Säge und ging

eifrig ins Geschirr. Bei jedem Schnitt, den er tat, stieß er ein kurzes ächzendes Ha! aus. Erst ging es gnatsch! gnatsch! dann ging es ratz! ratz! Zuletzt ging es bump!

Da! Mein Fuß war mich losgeworden.

Auch fernerhin verlief die Sach sehr rasch und günstig, so daß der gute Doktor, der mir inzwischen zwei schöne Krükken hatte anfertigen lassen, schon nach vierzehn Tagen sich die Freude machen konnte, mich vor den Spiegel zu führen. Der, den ich darin erblickte, gefiel mir nicht. Kopf kahl, Nase rot, Hals krumm, Bart struppig; ein halber Frack, ein halbes Bein; summasummarum ein gräßlicher Mensch. Und das war ich.

Aber ehe ich noch Zeit hatte zu weinen, rief der Doktor triumphierend:

»He? Wie? Was sagt Ihr nun? Schmucker Kerl fürwahr! Reiche Frau heiraten. Alles in Ordnung! Gratuliere! Und glückliche Reise!«

Gerührt und dankbar drückt ich dem Doktor, der alles umsonst getan, die fleischige Hand, verließ die Stadt und begab mich auf die Dörfer in der Absicht, mich langsam so weiterzubetteln, bis ich schließlich nach Hause käme.

Letzteres ging schneller, als ich dachte.

Der Spätherbst war gekommen; kalt wehte der Wind; an meinem einst so reizenden Anzuge flatterten die Lappen wie Espenlaub. Als ich daher in Erfahrung brachte, daß in einem Hause jemand das Zeitliche gesegnet hatte, schien mir das eine für meine Bedürfnisse sehr hoffnungsreiche Aussicht zu eröffnen, denn, wie bekannt, lassen gerade die Toten oft ganz brauchbare Kleider zurück, auf die niemand recht Anspruch macht.

Ich hatte mich nicht getäuscht. Der Großvater war gestorben. Die glücklichen Erben, denen der hochbetagte Mann begreiflicherweise schon längst ein wenig im Wege saß und die sich nun in einer sanftheiteren mildtätigen Stimmung befanden, schenkten mir, ohne daß ich lange zu bitten brauchte, sehr gern den drittbesten Anzug, den der Verstorbene bis an sein seliges Ende für gewöhnlich und mit Vorliebe zu tragen pflegte. Um ihn anzulegen, zog ich mich in den Kuhstall zurück. Allerdings, die Hose war bedeutend zu weit und der

Flausrock bedeutend zu lang für mich, aber um so besser paßte mir die mollige, wollige, etwas fettige Pelzkappe, die sich tief über die Ohren ziehen ließ, ganz nach Bedarf. Solchermaßen wohlausgerüstet gegen die Unbilden der Witterung, setzte ich humpelnd meine beschwerliche Wanderschaft fort. Schon beim nächsten Hause erwischte mich der Bettelvogt und trieb mich mit seinem Spieß vor sich her in das dortige Ortsgefängnis, genannt »Hundeloch«, allwo man, nachdem man mich einem kurzen Verhör unterworfen, den Beschluß faßte, mich umgehend auf den Schub zu bringen.

Mein Schreck war heftig, und doch war's mein Glück. Es bewährte sich auch an mir das treuherzige Sprichwort:

Was erst verdrießlich schien,
War schließlich gut für ihn.

Da man mich mit Recht in keiner Gemeinde für einen ersprießlichen Mitbürger ansah, beeilte sich jede, mich möglichst prompt über die Grenze zur nächstfolgenden zu schaffen, bis ich endlich von der letzten mit unfehlbarer Sicherheit in aller Stille auf dem mir wohlbekannten Gebiete der Stadt Geckelbeck abgesetzt wurde, indem man hier das Weitere ganz meinem freien Ermessen anheimstellte.

Es war ein lustiges Schneegestöber bei nördlichem Winde, als ich abends mühselig auf zwei Krücken und einem Bein das väterliche Gehöft wieder betrat, das ich einst so leicht auf zwei Beinen verlassen hatte.

Ich sah erst mal schüchtern durchs Fenster. Im Sorgenstuhl saß der Gottlieb, der bedeutend behäbiger aussah als sonst,

und hatte zwischen seinen Knien einen Knaben von drei, vier Jahren, dem er eine Peitsche zurechtmachte. Neben dem Kachelofen stand eine Wiege. Neben der Wiege saß die Kathrin und nährte einen runden Säugling an ihrer strotzenden Brust. Die Magd deckte den Tisch. Der Vater fehlte.
Mein Atem war bei diesem Anblick etwas ins Stocken geraten. Fast wär ich wieder umgekehrt; aber das grausame Unwetter veranlaßte mich, einzutreten und um Herberge zu bitten für die Nacht.
Ohne viel Umstände wurde das Gesuch des unbekannten Fremdlings mit dem größten Wohlwollen genehmigt.
»Oder« – fragte Gottlieb den Knaben – »sollen wir ihn lieber wieder hinausjagen in Wind und Wetter? Was meinst Du, Peter?«
»Nein, nein!« rief der gutherzige Junge. »Armer Mann hier bleiben; viel Wurst essen, daß Bein wieder wächst!«
Die Nacht schlief ich beim Knecht im Pferdestall, und von ihm erfuhr ich die ganze Geschichte.
Nach jahrelangem vergeblichen Warten hatte der Vater, der fest glaubte, mich hätte der Muddebutz hinabgezogen in den Grummelsee, sein Sach dem Gottlieb und der Kathrin verschrieben. Er war stiller und stiller geworden. Eines Morgens fand man ihn tot.
Während dieses Berichtes hatte sich, um es zart auszudrücken, meine Seele umgekrempelt nach innen. Ich wollte arbeiten; ich wollte geduldig ausessen, was ich mir eingebrockt hatte, und nie, mit diesem festen Gelübde schlief ich ein, sollten diese guten Leute, die mich so herzlich aufgenommen, in Erfahrung bringen, wer ich sei.
Früh stand ich auf. Einige schadhafte Kleidungsstücke des kleinen Peter, die auf dem Treppengeländer hingen in Erwartung des Weiteren, gaben meinem Tätigkeitsdrange die nötige Richtung. In der Stube im Tischkasten fand ich Nadel und Zwirn.
Als man sich versammelte, um die Morgensuppe zu essen, war mein Werk schon fix und fertig. Es wurde eingehend besichtigt und fand bei allen denen, die in solchen Dingen ein reiferes Urteil besaßen, den freudigsten Beifall.
Man ersuchte mich dringend, einige Tage noch dazubleiben.

148

Aus Tagen wurden Wochen, aus Wochen sind Jahre geworden. Durch reichhaltige Übung steigerte sich meine Geschicklichkeit nicht bloß in der Wiederherstellung des Alten und Verfallenen, sondern ich schuf auch Neues nach eigener Maßnahme aus dem Vollen und Ganzen heraus. Der Ruf meiner Kunst drang bis nach Geckelbeck, und Frau Knippipp, meine ehemalige Meisterin, die schon seit einiger Zeit Wittib geworden, ließ mir sogar einen ehrsamen Antrag machen, sie zu ehelichen. – Kalt abgeschlagen! –

Auf Gottliebs Befragen hatt ich mich Fritz Fröhlich genannt. Der kleine drollige Peter, mein Liebling, nannte mich »Humpelfritze«; ein passender Name, mit dem ich seitdem allgemein angeredet werde, selbst von Leuten, die nicht die Ehre meiner näheren Bekanntschaft haben.

Und so leb ich denn allhier als ein stilles, geduldiges, nutzbares Haustier. – Schmetterlinge beacht ich nicht mehr. – Oben im alten Giebelstübchen hab ich mir eine gemütliche Werkstatt eingerichtet.

Noch immer reiten die Hexen da vorbei. Neulich, in der Walpurgisnacht, als ich saß und schrieb an dieser Geschichte, spähte Lucinde durchs Fenster herein. Sie lachte wie närrisch; sie war noch grade so hübsch wie ehedem.

Gelassen sah ich sie an, flötete, nahm eine Prise und machte Haptschih!! –

Das Manuskript der obigen Erzählung fand kürzlich ein Sommerfrischler auf dem Taubenschlage neben dem Giebelstübchen jenes nämlichen Gehöftes, wo der Verfasser seine Tage beschloß. Die Nachkommen von Gottlieb und Katharina lebten noch daselbst in gedeihlichen Verhältnissen. Wirklich war die Persönlichkeit des guten Peter erst festgestellt worden, als man nach seinem Ableben das Medaillon bei ihm fand. Sein ungekünstelter harmloser Stil, seine rücksichtslose Mitteilung selbst solcher Erlebnisse, die für ihn äußerst beschämend gewesen, drücken seinem Berichte den Stempel der Wahrheit auf, und nur der Halbgebildete, dem natürlich die neueren Resultate der induktiven Wissenschaft auf dem Gebiete des Wunderbaren nicht bekannt sind, wird Anstoß nehmen an diesem und dem, was man früher unmöglich nannte.

Anhang

Die autobiographischen Schriften

›Aus Wilh. Buschs Leben‹ überschrieb *Johannes Proelß* den Aufsatz, den er am 7. und 8. September 1886 in dem von ihm geleiteten Feuilleton der »Frankfurter Zeitung« veröffentlichte. Anlaß war eine Neuerscheinung: *Über Wilhelm Busch und seine Bedeutung. Eine lustige Streitschrift.* Ihr Verfasser, der Düsseldorfer Maler *Eduard Daelen* – »glühend wie ein junger Krieger, der ein Palladium zu verteidigen hat, damit es nicht von rohen Händen entwürdigt, nein, von der ganzen Welt als etwas Hehres verehrt werde« –, feierte Busch als größten Meister des Humors aller Zeiten und Völker und erwärmte sich besonders für den Satiriker, der sich, in den Jahren des Kulturkampfes »zum Titanen wachsend«, ein für allemal einen Platz neben den ersten Geistern der Menschheit erworben habe.

Proelß rief den Schwärmer gehörig zur Ordnung und nutzte die Gelegenheit zu einer klugen Analyse. Da aber schlichen sich Fehler ein, denn Proelß war ja auf die nicht sehr zuverlässigen biographischen Angaben Daelens angewiesen. Busch fühlte sich veranlaßt, um redaktionellen Raum für eine Erwiderung zu bitten. Am 6. Oktober kam die Zusage. Zwei Tage danach sandte er das bereits im September entstandene *Was mich betrifft* nach Frankfurt ab. Am 10. Oktober stand es in der Zeitung.

Das öffentliche Echo ermutigte Proelß, Busch um eine Fortsetzung zu bitten. Am 24. Oktober erhielt er einen Brief aus Lüthorst: *Eine Zusage kann ich Ihnen ... nicht geben; sollt ich aber mal wieder einen ähnlichen Knubs zum Schreiben kriegen, so hoff ich auf ebensolch liebenswürdigen Empfang in Ihrem Feuilleton, wie das vorige Mal ...* Am 25. November schrieb Busch aus Wiedensahl: *Eine Gelegenheit nimmt die andere beim Ohr. So schicke ich Ihnen denn hier ein zweites »Was mich betrifft« und bitte Sie, dasselbe in Ihrem Feuilleton zu veröffentlichen, während ich mir die sonstige Verfügung darüber vorbehalte.* Dieses zweite Kapitel der Selbstbiographie erschien am 2. Dezember 1886.

Im Januar 1893 hat Busch das Feuilleton vom 10. Oktober 1886 überarbeitet. Es erhielt den Titel *Von mir über mich.* Sorgfältig hat der Autor da ausgemerzt, was Schlüsse auf die Menschen seines engsten Umkreises zuließ: die Lebensgewohnheiten der Eltern; daß er bei der Schwester wohne, die einst beinahe ertrunken wäre; das stattliche Alter des Lüthorster Onkels und anderes mehr. Dieses erste *Von mir über mich* übernahm Bassermann in die Jubiläumsausgabe der *Frommen Helene.*

Die Striche in der überarbeiteten Selbstbiographie reichten nicht aus, dem Klatsch Einhalt zu gebieten. Deshalb nahm sich Busch in der ersten Januar-Hälfte 1894 *Von mir über mich* noch einmal vor, kürzte, verallgemeinerte und ergänzte. Am 16. Januar ging eine Abschrift dieser letzten Fassung an Bassermann. *Damit hat mein Selbstbiographieren seinen definitiven Abschluß gefunden,* schrieb Busch im Begleitbrief, und er erläuterte: *Nachdem ich bemerkt, daß man aus der Charakteristik meines Vaters*

eine unpassende Folgerung gezogen, bin ich mit der Bezugnahme auf Andere noch bedenklicher geworden.
Diese letzte und von Busch als endgültig bezeichnete Fassung haben wir hier abgedruckt. Auf die Fassung von 1893 konnten wir verzichten. Sie enthält nichts, was nicht auch schon im ersten Teil von *Was mich betrifft* enthalten war.

Unseren Texten liegen zugrunde: die Faksimilereproduktionen der Handschriften *Was mich betrifft.* (I.) *Wiedensahl Sept. 1886* und *Was mich betrifft.* II. *Wiedensahl 23. Nov. 1886* (die Handschriften sind verlorengegangen); ferner die Handschrift *Von mir über mich. 1894.*

Anmerkungen

9 *weil andre über mich geschrieben:* 1878 veröffentlichte Paul Lindau im vierten Band der von ihm geleiteten Zeitschrift ›Nord und Süd‹ (Februar 1878, Heft 11) auf 16 Seiten (257 ff.) die unseres Wissens erste ausführliche Arbeit über Busch (vgl. detebe 20110, 243). 1885 widmete der in Paris lebende Schweizer John Grand-Carteret in seinem »Les mœurs et la caricature en Allemagne – en Autriche – en Suisse« überschriebenen Buch dem »roi de la charge et de la bouffonerie ein dreißig Seiten langes Kapitel. 1886 folgte im Verlag von Felix Bagel, Düsseldorf, »Über Wilhelm Busch und seine Bedeutung. Eine lustige Streitschrift« von Eduard Daelen und die auf 151 erwähnte Rezension von Johannes Proelß im Frankfurter Zeitung.
  Mein Vater: Friedrich Wilhelm Busch (1801–1868)
  Meine Mutter: Henriette Busch geb. Kleine (1803–1870)
10 *mein Schwesterchen:* Fanny Busch verh. Nöldeke (1834–1922)
  Bruder meiner Mutter: Georg Kleine (1806–1897), Pastor in Ebergötzen bei Göttingen, später in Lüthorst am Solling
  Freundschaft mit dem Sohne des Müllers: Erich Bachmann (1832–1907)
  das hintere Mienenspiel: vgl. detebe 20110, 106 ff.
11 *freireligiösen Schriften jener Zeit:* Kampfschriften der »Lichtfreunde«, die, losgelöst von der evangelischen Kirche, eigene freireligiöse Gemeinden bildeten. Mehr darüber in »Wilhelm Busch, Sämtliche Werke«, München 1943, VIII, 216, 218
  Etwa ums Jahr 45† Herbst 1846
  Kritik der reinen Vernunft: vgl. Brief an Maria Anderson vom 29. 5. 1875: *Seit ich Kant in die Hände kriegte, scheint mir die Idealität von Zeit und Raum ein unwiderstehliches Axiom.*
  polytechnischen Schule in Hannover: 1831 als Höhere Gewerbeschule gegründet, 1847 Polytechnikum, heute Technische Universität
12 *von einem Maler:* dem Hannoveraner August Klemme (1830–1878)
  Düsseldorfer Antikensaal: in der Königlichen Kunst-Akademie
  nach Antwerpen in die Malschule: in die Königliche Akademie (Frühsommer 1852 bis Frühjahr 1853)
  Teniers: David Teniers d. J.
  Taschendieb: vgl. 58 *Eduards Traum: Kunstgenossenschaft von Taschendieben...*

152

13 *»ut oler welt«:* (Aus alter Zeit). Die von Busch gesammelten Volksmärchen, Sagen, Volkslieder und Reime erschienen nach seinem Tod 1910. Eine wissenschaftliche Bearbeitung steht noch aus.
Liebhabertheater: im ›Club‹ in Dassel. Busch betätigte sich insbesondere in den ersten Monaten des Jahres 1858 als Mitspieler, aber auch als Autor eines kleinen Theaterstücks und Zeichner von Theaterprogrammen.
Parthenogenesis: s. 30f.
Darwin: vgl. detebe 20111, 197 und 207f.
Schopenhauer: vgl. detebe 20109, 127
nach München: zur Königlich Bayerischen Akademie der Bildenden Künste
akademischen Strömung: Historienmalerei

14 *Künstlerverein:* »Jung-München«, gegr. 1853
der dort verübten Späße: Beiträge zur Kneipzeitung und zum Karikaturenbuch
»Fliegenden«: die 1844 von Kaspar Braun und Friedrich Schneider gegründete humoristische Wochenschrift ›Fliegende Blätter‹ in München (bis 1928)
meinen ersten Beitrag: Der harte Winter. Von Busch wohl als erster Beitrag für die ›Fliegenden‹ gedacht, aber erst in Nr. 707/1859 veröffentlicht. Vorher gingen *Der unbequeme Posten* und *Der vergeßliche Stadtschreiber* in 705/1859.
allegorisches Tendenzstück: Pater Filucius (1873)
auffällig tugendsames Frauenzimmer: vgl. detebe 20110, 243 (› verheiratete Geschichten ‹)
alten Ästhetikers: Friedrich Theodor Vischer (1807–1887) hatte Busch in seinem Aufsatz »Satirische Zeichnung« (Altes und Neues, 1881, 126 ff.) im Hinblick auf den *Heiligen Antonius* einen »pornographischen Strich« vorgeworfen; vgl. Daelen, WB, 71 ff.

17 *kunst- und bierberühmten Residenz:* gemeint ist München

18 *Dörflein meiner Kindheit:* Ebergötzen

19 *»So bra'r jöck de Düwel wat ower . . .«:* plattdeutsch. Wörtlich übersetzt: »So brat Euch der Teufel was über, daß Ihr dran erstickt!«

20 *Zwei flachsköpfige Buben:* wohl Busch und sein Jugendfreund Erich Bachmann

21 *glaubwürdigen Blattes:* möglicherweise der Pariser ›Figaro‹, der sich hin und wieder mit Busch beschäftigte
Werther: »Die Leiden des jungen Werthers« (Goethe)
Ritter von der Mancha: »Don Quijote« (Cervantes)
Flügelbild Peterpauls in der Scheldestadt: Flügelaltar von Rubens in der Liebfrauenkirche in Antwerpen

22 *Arno:* Busch hatte im Frühling 1886 auf einer Italienreise auch Florenz besucht.

25 *Mein Vater . . .; meine Mutter:* s. die Anmerkungen zu 9

26 *Mein gutes Großmütterlein:* Amalie Kleine geb. Wiederholt (1771 bis 1847)
Bruder meiner Mutter: s. Anm. zu 10

153

27 *Mudde:* niederdeutsch für Schlamm, Morast
Mienenspiel der blaßblauen Hose: s. Anm. zu 10
29 *polytechnischen Schule:* s. Anm. zu 11
Maler . . . Düsseldorf: s. die Anmerkungen zu 12
30 *ut oler welt:* s. Anm. zu 13
maren . . .: plattdeutsch. Wörtlich übersetzt: Morgen wolln wir Hafer
mähn, / Wer soll den wohl binden? / Das soll (Meiers Dortchen) tun, /
Die will ich wohl finden.
31 *Ein schlichter katholischer Pfarrer:* Johannes Dzierzon (Lobkowitz
1811–1906)
Darwin . . . Schopenhauer: s. die Anmerkungen zu 13
akademischen Strömung: s. Anm. zu 13
Künstlerverein: s. Anm. zu 14
32 *Es kann 59 gewesen sein:* s. die Anmerkungen zu 14 ›*Fliegenden*‹ und
meinen ersten Beitrag
gar zu empfindliche Hühneraugen: s. Anm. zu 14 *alten Ästhetikers*
Pickwick: ›The Pickwick Papers‹ von Charles Dickens. Busch hatte
eine Vorliebe für die englische Literatur, insbesondere des 18. und 19.
Jahrhunderts.

Zeittafel

1832 15. April, Wiedensahl: Heinrich Christian *Wilhelm Busch* als älte-
stes von sieben Kindern des Kaufmanns Friedrich Wilhelm Busch
geboren
1841 September: W. B. kommt nach Ebergötzen zu seinem Onkel Pastor
Georg Kleine
1846 Herbst: Übersiedlung von Ebergötzen nach Lüthorst
1847 29. September: Aufnahme in die Polytechnische Schule Hannover.
W. B. studiert auf Wunsch des Vaters Maschinenbau.
1851 Juni: nach Düsseldorf, »um Maler zu werden«
1852 27. Mai: Aufnahme in die Königliche Akademie von Antwerpen
1853 Frühjahr: Rückkehr nach Wiedensahl. Dort und in Lüthorst Mär-
chensammeln (*Ut oler welt*)
1854 25. November: Aufnahme in die Königlich Bayerische Akademie der
Bildenden Künste in München. – Künstlerverein »Jung-München«. –
In den folgenden Jahren häufige Aufenthalte in der Heimat
1859 erste Beiträge in den »Fliegenden Blättern«. Mitarbeit an den »Fliegenden« und den ebenfalls von Braun & Schneider verlegten »Münchener Bilderbogen« mit Unterbrechungen bis 1871
1864 Herbst: *Bilderpossen*, Verlag Heinrich Richter Dresden. – Richter
lehnt *Max und Moritz* ab.
1865 Sommer: *Max und Moritz*, bei Braun & Schneider München
1867 Oktober bis Dezember: *Hans Huckebein, der Unglücksrabe* in »Über
Land und Meer«, Verlag Eduard Hallberger Stuttgart
1868 Mai: erster längerer Besuch im Hause des Bankiers Keßler in Frankfurt am Main. Freundschaft mit Johanna Keßler

1869 Frühjahr: *Schnurrdiburr oder Die Bienen,* bei Braun & Schneider. – Haushalt und Atelier in Frankfurt
1870 Juni: *Der Heilige Antonius von Padua,* bei Moritz Schauenburg in Lahr. Juli: Verbot des *Antonius.* Prozeß gegen den Verleger endet im März 1871 mit Freispruch.
1871 Oktober: Verlagsvertrag mit dem ›Jung-Münchener‹ Freund Otto Bassermann. Buschs Werke erscheinen von nun an in der Friedr. Bassermann'schen Verlagsbuchhandlung Heidelberg, später München. Als erstes
1872 Mai: *Die Fromme Helene.* – Es folgen *Bilder zur Jobsiade* und *Pater Filucius.* – Busch gibt seinen Frankfurter Wohnsitz auf und zieht zu seinem Schwager Pastor Hermann Nöldeke in Wiedensahl. Bis 1881 häufige Aufenthalte in München. Freundschaft mit den Malern Franz von Lenbach und Friedrich August von Kaulbach, dem Innenarchitekten und Bildhauer Lorenz Gedon und dem Dirigenten Hermann Levi
1873 Juni: *Der Geburtstag oder Die Partikularisten*
1874 April: *Dideldum!* – Oktober: *Kritik des Herzens.* Zwiespältiges Echo
1875 Januar: Beginn eines intensiven Briefwechsels mit der holländischen Schriftstellerin Maria Anderson, die sich positiv zur *Kritik des Herzens* geäußert hatte. – November: *Abenteuer eines Junggesellen*
1876 Dezember: *Herr und Frau Knopp*
1877 Juli: *Julchen.* – Jahresende: Zerwürfnis mit Johanna Keßler
1878 Mai: *Die Haarbeutel.* – Spätherbst: farbige Handschrift *Fipps der Affe* in Buschs Münchener Atelier entstanden
1879 Juni: *Fipps der Affe.* – Gemeinsamer Haushalt mit der verwitweten Schwester Fanny Nöldeke geb. Busch in Wiedensahl
1880 März: Neuauflage *Bilderpossen* (bei Bassermann). – Dezember: *Stippstörchen für Äuglein und Öhrchen*
1881 Frühjahr: letzter Aufenthalt in München. – Juni: *Der Fuchs. Die Drachen. Zwei lustige Sachen.* – Jahresende: Nikotinvergiftung
1882 Juni: *Plisch und Plum*
1883 Juni: *Balduin Bählamm, der verhinderte Dichter*
1884 Juni: *Maler Klecksel.* – In den folgenden Jahren verstärktes Bemühen um Malerei und freie Graphik
1886 April: Italienreise. – Mai: *Über Wilhelm Busch und seine Bedeutung . . . von Eduard Daelen.* – Oktober und Dezember: *Was mich betrifft* in der Frankfurter Zeitung
1891 April: *Eduards Traum.* – Durch Vermittlung Lenbachs Versöhnung mit Johanna Keßler. Freundschaft mit ihrer Tochter Nanda
1893 August: Jubiläumsausgabe *Die Fromme Helene* (100. Tsd.) mit Erstdruck *Der Nöckergreis* und erster Fassung *Von mir über mich*
1894 Januar: zweite und endgültige Fassung *Von mir über mich* (zum erstenmal gedruckt in *Pater Filucius,* 36.–39. Tsd., 1899)
1895 April: *Der Schmetterling*
1898 Oktober: Übersiedlung von Wiedensahl nach Mechtshausen am Harz zu dem Neffen Pastor Otto Nöldeke
1899 ein großer Teil der späten Gedichte entstanden

155

1902 15. April: Wilhelm Busch wird siebzig. Großer Widerhall in der
Öffentlichkeit
1904 April: *Zu guter Letzt*
1908 9. Januar: Wilhelm Busch in Mechtshausen gestorben
April, in München: erste Ausstellung des künstlerischen Nachlasses
Hernach (1905 zusammengestellt) bestimmungsgemäß als Nachlaß-
werk erschienen

Eduards Traum · Der Schmetterling

Buschs Verleger Bassermann hätte es gern gesehen, wenn auf die beiden
›Feuilletons‹ *Was mich betrifft* noch weitere Fortsetzungen gefolgt wären.
Die hätte er dann gesammelt herausgebracht. Doch die schöpferische Pause,
die ja eigentlich schon seit Erscheinen der letzten großen Bildergeschichte
Maler Klecksel (1884) bestand, dauerte an. Busch füllte sie vorwiegend
mit Zeichnen und Malen aus, daheim und draußen *in Wald und Wind*,
und die ›zahllosen Anfragen‹ an den Verlag nach einer ›Novität‹ blieben
ohne Wirkung.

Endlich, im Herbst 1890, kriegte der vereinsamte Landbewohner *wieder
einen . . . Knubs zum Schreiben.* Im Dezember stand die Erzählung
Eduards Traum in der ersten Fassung auf dem Papier, und am 27. Januar
1891 bestätigte Bassermann den Empfang der für den Verlag bestimmten
Reinschrift. In der Ausstattung wurde der Reisebericht des zum denken-
den Punkt geschrumpften Träumers'Eduard ein Seitenstück zu der siebzehn
Jahre älteren *Kritik des Herzens.* Er erschien im April 1891 in einer
Auflage von 5000 Exemplaren.

Das Echo war größer als erwartet, wenn auch nicht vergleichbar mit dem
Erfolg der Bildergeschichten, die inzwischen als *Humoristischer Hausschatz*
neben den nach wie vor gefragten Einzelausgaben das zwanzigste Tausend
überschritten hatten. Und der Verleger bohrte weiter. »Lenbach . . . hat
Dir, wie er mir sagt, den Wunsch ausgesprochen, du möchtest dem Eduard
noch Ähnliches oder Anderes folgen lassen. Diesem kann ich mich nur aufs
Wärmste anschließen und Dir die Versicherung geben, daß eine Novität
nicht nur von mir, sondern all Deinen nach vielen Tausenden zählenden
Verehrern mit heller Freude begrüßt würde« (23. 1. 1892). *Auch mein
Wunsch wär's, etwas dem »Eduard« Ähnliches zu publizieren, ant-*
wortete Busch, *aber Ideen und Einfälle richten sich leider nicht viel nach
Wünschen, sondern kommen ›wann's megn‹* (26. 1. 1892).

Sie kamen erst 1894. Die Arbeiten an dem *Seitenstück zu ›Eduards
Traum‹,* betitelt ›*Der Schmetterling‹,* dauerten mit Unterbrechungen fast
das ganze Jahr über an. »Das sieht ja reizend aus«, urteilte am 17. Dezember 1894 Bassermann über die Handschrift mit den eingeklebten Illustrationen und empfahl Busch, die Reproduktionsvorlagen *etwas* größer
zu zeichnen: »dann lasse ich sie auf die Zeilenbreite des Eduard reduzie-
ren.« Von der Möglichkeit des Verkleinerns hat Busch weder früher noch
diesmal Gebrauch gemacht. Was er zwischen dem 4. und 17. Februar 1895
im Hause seines jüngsten Bruders, Hermann Busch in Celle, ins Reine
zeichnete, hielt sich streng an den Maßstab eins zu eins. Der Bild-Erzähler,

der sechzehn Jahre lang auf Druckhölzer vorgezeichnet hatte, lernte nicht mehr um. Die Herstellung verlief nach Plan, und Ende April lag die Erzählung *Der Schmetterling* im Buchhandel vor. –
Textrevision: *Eduards Traum* nach der *Wiedensahl Januar 1891* datierten Reinschrift für den Verleger; *Der Schmetterling* nach der Handschrift mit den eingeklebten »Skizzen«, die Busch am 15. Dezember 1894 an Bassermann sandte. Die Illustrationen zum *Schmetterling* sind nach den 21 von Busch *Febr. 1895* datierten Reinzeichnungen reproduziert.

Literatur

Erwin Ackerknecht: Wilhelm Busch als Selbstbiograph, in: Mitteilungen der Wilhelm-Busch-Gesellschaft 13/14, 1943, 68 ff., und München 1949
Friedrich Bohne: Wilhelm Busch, Leben – Werk – Schicksal, Zürich 1958: 222 f., 226 ff., 232 (Was mich betrifft)
15 ff., 260 (Von mir über mich)
243 ff., 263 (Eduards Traum)
263 ff. (Der Schmetterling)
Joseph Kraus: Wilhelm Busch in Selbstzeugnissen und Bilddokumenten, Reinbek 1970, 130 ff. (Der Prosaist)
Peter Marxer: Wilhelm Busch als Dichter, Zürich 1967, 7 ff. (Selbstbiogr.), 41 ff. (Der Schmetterling)
Heinrich Kraeger: Über Eduards Traum und Der Schmetterling, in: Jahrbuch der Wilhelm-Busch-Gesellschaft 1952, 16 ff.

Nachwort des Herausgebers

»Sämtliche Werke«, »Gesammelte Werke«, Sammlungen, Alben und Einzelausgaben von Wilhelm Busch – aber auch Querschnitte, Blütenlesen, Breviere und Zitatenbücher, mit und ohne Bilder – gibt es in großer Zahl. Doch es fehlte bisher noch die Auswahl, die systematisch zusammenfaßt, was vor rund 120 Jahren der dilettierende Reimer begann, der Bild-Erzähler erfindungsreich fortsetzte und der Dichter in Vers und Prosa vollendete. Sie enthält, was mit großer Wahrscheinlichkeit dauern wird, und läßt weg, was an familiäre Anlässe, überlebte Historie und dem Zeitgeschmack unterworfene Gefühle gebunden ist. Sie vereint revidierte Texte und sorgfältig wiedergegebene Bilder mit einem kritischen Apparat, der mancherlei enthält, was bisher zum Thema Busch und im besonderen zur Verlags- und Rezeptionsgeschichte seiner Werke noch nicht gesagt werden konnte.
Eine Studienausgabe also! Aber auch ein neuer Busch für alle, die sich an seiner Bilderschrift, an der von Bildern und Aphorismen erfüllten und – wie alles, was aus dieser Werkstatt hervorgegangen ist – *im Leben geglühten* Sprache delektieren und über Hintergründe informieren lassen möchten. Einige Wünsche dürften dennoch unerfüllt, einige Lücken offengeblieben sein. (Die Wünsche wurden 1981 mehr als erfüllt mit dem *Wilhelm Busch Bilder- und Lesebuch*; herausgegeben von Gerd Haffmans, detebe 20391. Der Verlag).

Über seinen Lebensweg hat sich Wilhelm Busch in den autobiographischen Schriften *Was mich betrifft* und *Von mir über mich* nur sehr verhalten und gewiß nicht erschöpfend geäußert. Wer ihn näher kennenlernen möchte, muß schon seine Briefe lesen, die seit 1969 in einer mit vielen Faksimiles ausgestatteten kommentierten Gesamtausgabe vorliegen. Doch auch die Briefe bemänteln oft mehr, als einem Biographen lieb sein kann. Wer brauchbare Schlüsse ziehen will, muß diesen Texten und, wenn möglich, den Schriftzügen gehörig *zwischen die Falten spähn*. Eine zusätzliche Grundlage für behutsames Interpretieren bieten die beiden Erzählungen *Eduards Traum* und *Der Schmetterling*. Rechenschaftsberichte! Die Odyssee des denkenden, d. h. reflexfähigen Punktes Eduard spiegelt das Werden und Wachsen einer Weltansicht. Der »kleine Ausflug« des arglosen Schmetterlingsjägers Peter gibt Auskunft über ein Schicksal.

Wer die nicht eben umfangreiche, doch in bemerkenswerter Frische weiterwirkende Ernte von fünfzig Schaffensjahren ins Auge faßt, sollte bedenken, daß der zum Maschineningenieur bestimmte älteste Sohn eines »Krämers« nach dreiundeinhalb Jahren (1851) das Polytechnikum verließ, *um Maler zu werden*, und daß er dreimal, gründlich frustriert, der Akademie den Rücken kehrte. In *Düsseldorf* entfloh er dem Antikensaal, in dem noch immer der Geist des Nazareners Wilhelm von Schadow waltete. In *Antwerpen* ließ er sich von den Rubens, Brouwer, Teniers, die da noch immer die Stunde regierten, so *ducken*, daß er später nie öffentlich als Maler aufzutreten wagte. Und in dem auf Vergangenheit und Gegenwart so stolzen *München* der fünfziger Jahre, wo die Historienmaler Wilhelm von Kaulbach und Karl von Piloty nebst ihrem Anhang den Ton bestimmten, gab er endgültig auf.

Er suchte sein Heil im Künstlerverein ›Jung-München‹. Seine Beiträge in der Kneipzeitung und im Karikaturenbuch fielen auf, und Kaspar Braun, Herausgeber der *Fliegenden Blätter*, hatte an Busch (von 1859 an) eine Zeitlang einen fleißigen Mitarbeiter, der illustrieren, reimen, in Bildern ohne Worte und bald auch in Bild *und* Vers erzählen konnte. Für die humoristische Wochenschrift, die seit dem Fiasko der Revolution von 1848 so brav und bieder auftrat, und natürlich auch für die im gleichen Verlag erscheinenden *Münchener Bilderbogen* war dies ein Glücksfall – so wie, mit anderen Vorzeichen, von 1872 an der Verlagsvertrag mit dem ›Jung-Münchener‹ Freund *Otto Bassermann*. Der vielseitig begabte Busch indessen empfand den Kurswechsel als einen Abweg. Später, wirtschaftlich gesichert, reagierte er allergisch, wenn er mit seinen Bildergeschichten konfrontiert wurde. Denken wir nur an das im Anhang zum *Tobias Knopp* (detebe 20110, 242) geschilderte Erlebnis des Verfassers der *Abenteuer eines Junggesellen* im Eisenbahnabteil.

Das Werk der kleinen und großen Bildergeschichten wirkt wie eine organisch und stetig gewachsene, in der darin waltenden Formkraft nur geringen Schwankungen unterworfene Einheit. Die *Ölbilder*, die wir im Wilhelm-Busch-Museum und in Wanderausstellungen zeigen, rufen zwar immer wieder Erstaunen hervor – doch unterschiedliche Vortragsweisen werden selbst in dieser strengen Auslese sichtbar. Wer die mehr als 850 Arbeiten des Malers Busch, die wir bis jetzt nachweisen konnten, überblickt, der sieht, wie dieser Künstler schwankte, wie er probierte, wechselte, suchte und verwarf – und wie er sich nur selten durch eine Signatur oder gar ein Datum zu einer Arbeit bekannte. Diese mit einem hohen Maß an Selbstkritik einhergehende Labilität hat ihre guten Gründe. Busch hat ja fast immer nur malen können, wenn er nicht gerade Wichtigeres zu tun hatte. *Der »Borstpinsel« trat an die Stelle der »Feder«, das Terpentin und die Ölfarbe an die Stelle der Dinte* – aber der Maler fand in der Regel nach Jahr und Tag veränderte Bedingungen vor. Ein übriges bewirkten Reisen, im Familienkreis oder, anregsamer und beunruhigender, zu den Stellen, an denen er fand, was er bewunderte – *Rembrandt, Hals und Steen: das ist ein Stück von dem, was unser Herrgott macht –*: in Dresden, Wien, München, Kassel, Frankfurt, Berlin, Antwerpen, Haarlem, Den Haag, Amsterdam.

Was nach alledem dennoch zustande kam, waren zum großen Teil Skizzen und Studien, auf Brettern und Brettchen, auf einigen größeren und vielen, vielen kleinen, mitunter selbst auf der Rückseite bemalten Pappen. Wir nehmen diese Ergebnisse heute ernster als er, der nicht einmal jede der wenigen größeren Leinwände, die nicht Skizze blieben, mit seinem Signum versah. Sein ›genre‹ fand er, von Bildnissen und Selbstbildnissen abgesehn, zumeist in seiner ländlichen Umgebung, vorwiegend in Wiedensahl und Lüthorst, aber auch in der Kleinstadt Wolfenbüttel, und, zeitweise, in Frankfurt und in München. Was er suchte, waren Gesichter voller Schicksal, Menschen im Affekt, Alte und Junge – nur keine *gebildeten, wohldressierten Leute!* Drinnen und Draußen. Wirtsstuben, Bauernküchen, bäuerliche Werkstätten, kleinere und größere Raufereien – aber keine ›Alexanderschlacht‹! Waldränder, Lichtungen, Durchblicke ins weite Land – aber kein Panorama! Wind und Wetter, vor und nach dem Regen, Rotjacken, rote Kühe, rote Dächer in der Landschaft – und all dies in einer Pinselschrift, die deutlich spüren läßt, daß hier einer gegen den Strom schwimmt, um nicht zu sagen: auf seine Weise protestiert. Farbe ist für ihn ein Ausdrucksmittel, und mit dem Impressionismus hat dieser Maler, der manche Gewohnheiten des zwanzigsten Jahrhunderts vorwegnahm, nichts zu tun. Er war – *kein Kitscher, sondern ein wohlorientierter Europäer*, notierte Paul Klee 1908 nach dem Besuch einer Nachlaßausstellung in sein Tagebuch – dennoch eine tragische Erscheinung. Da er nie herzeigte, was er malte, ging er erst nach seinem Tode in die Kunstgeschichte ein – so wie auch sein frei entstandenes graphisches Werk. Wir kennen davon unter anderem ein Dutzend Skizzenbücher und einige hundert größere Zeichnungen, gewiß nur ein kleiner Teil von dem, was einst vorhanden war. Ohne die ständige graphische Zwiesprache mit der Natur wäre der Formenreichtum der Bildergeschichten nicht denkbar.

Das Bildergeschichtenwerk ist und bleibt Buschs eigentliche Leistung: ein mit viel Ironie versetzter kritischer Beitrag zur Geschichte des bürgerlichen Zeitalters. 1870, als der Mitarbeiter der ›Fliegenden Blätter‹ den ausgehungerten *Monsieur Jacques à Paris* verspottete, und 1872, als der Schöpfer der *Frommen Helene* bald auch mit dem allegorischen Tendenzstück *Pater Filucius* in den Kulturkampf eingriff, sah es so aus, als suchte der Bild-Erzähler sein Heil in der politischen Satire. Zum Glück zog er sich von diesem vorgeschobenen Posten beizeiten ins stillere Hinterland zurück. Denn da fand er seine Wahrheiten, da zog er die großen menschlichen Summen, die diesem Werk seinen Bestand sichern.

Friedrich Bohne

Herausgeber und Verlag danken der Wilhelm-Busch-Gesellschaft, Hannover, die die Unterlagen für die vorliegende Wilhelm-Busch-Ausgabe zur Verfügung gestellt hat, und Ingrid Haberland für die Mitwirkung bei der Textkritik.